Gallmeister

GLENDON SWARTHOUT (1918-1992) est un auteur prolifique qui s'est illustré dans divers genres littéraires, mais qui était surtout reconnu comme l'un des meilleurs spécialistes de l'Ouest américain et du western. Plusieurs de ses romans ont été des best-sellers et sept d'entre eux ont été portés à l'écran. Parmi ceux-là, *Le Tireur* a été mis en scène par Don Siegel en 1976 sous le titre *Le Dernier des géants*, avec John Wayne dans son dernier grand rôle au cinéma. Ce roman est publié dans une nouvelle traduction intégrale.

Le Tireur

Un western magistral, dur et bien ficelé.

THE LOS ANGELES TIMES

Ce roman est bien plus qu'un western ; les personnages y sont infaillibles, l'intrigue est passionnante.

LIBRARY JOURNAL

Glaçant, macabre, captivant du début à la fin.

THE TIMES OF LONDON

Le duel final de Books est un classique. Un conte fascinant, impossible à lâcher avant la dernière ligne.

ARIZONA REPUBLIC

Ce livre magnifiquement écrit va vous laisser scotché dans votre fauteuil pendant plusieurs heures.

CALIFORNIA INDEPENDENT JOURNAL

le tireur

totem

glendon swarthout

le tireur

Traduit de l'américain
par Laura Derajinski

Gallmeister

Titre original : *The Shootist*

ISBN 978-2-35178-523-2
ISSN 2105-4681
totem n°23

Conception graphique de la couverture : Valérie Renaud
Illustration de couverture © MIRÉ

Pour Tom Rosenthal

Nous autres, docteurs, savons reconnaître
une cause perdue quand – écoutez : il existe un satané
bel univers derrière cette porte : *allons-y.*

E.E. CUMMINGS

Un

Il pensa : Quand j'arriverai là-bas, personne ne croira jamais que j'ai réussi un tel voyage à cheval et, Dieu m'en est témoin, je n'y croirai pas non plus.

Il était midi en cette journée maussade. Le soleil était pareil à un œil injecté de sang dans la poussière. Son cheval souffrait d'une fistule. Une friction entre la selle et la couverture, une épine, un caillou ou un nœud de ficelle avait créé un abcès au niveau du garrot, profond et purulent, et l'unique traitement, il le savait, aurait été de cautériser la plaie et de la laisser sécher à l'air libre sans remonter sur l'animal, mais il ne pouvait pas s'arrêter. Si le cheval souffrait, l'homme souffrait davantage encore. C'était son neuvième jour de voyage, et le dernier.

Il arborait un Stetson gris, une redingote noire, un gilet et un pantalon gris, une chemise blanche, une cravate grise et des bottes en lézard noires.

Entre le cuir de la selle et son arrière-train, il avait calé un coussin moelleux en velours écarlate orné de glands dorés. Il n'aurait pas supporté le voyage sans ce coussin. Il l'avait volé dans un bordel de Creede, au Colorado.

Il chevauchait au pied des Organ, une chaîne de montagnes désolée qui s'étendait au sud et à l'est à travers des plateaux sablonneux ridés de vaguelettes desséchées. Il avait fixé à l'arrière de sa selle une valise noire et une cafetière en porcelaine. Le couvercle avait émis un claquement monotone toute la matinée. Il s'arrêta et, pivotant lentement, il détacha la cafetière, se tourna à nouveau et la lança aussi haut qu'il put dans les airs. Il comptait dégainer et tirer pour la cribler de balles avant qu'elle ne touche terre, mais l'effort de son lancer lui provoqua une telle douleur dans l'aine qu'il ne parvint pas à dégainer. Il s'affala, agrippa le pommeau de sa selle et la cafetière heurta le sol, roulant au bas d'une vaguelette de sable, claquant et claquant encore.

Il y avait désormais de nombreux *bosques*, ou bosquets, qu'il contournait. Mais le sentier l'obligea à passer entre deux arbustes, et alors qu'il s'y employait, un homme surgit d'un buisson et, braquant un revolver antique à barillet, lui croassa de jeter son portefeuille à terre. L'homme était mince et âgé, évoquant au cavalier son propre grand-père qui avait été parfois poussé à commettre des actes désespérés. Il avait la main gauche en griffe, pliée en permanence au niveau du poignet, les doigts raides et écartés. Serrant les rênes, le cavalier fouilla dans sa redingote. Main Tordue agita son revolver en guise d'avertissement.

— Je ne suis pas armé, lui assura le cavalier. Fais attention avec ce revolver.

Il sortit le portefeuille de sa redingote et le lança. Le regard du vieil homme en suivit la trajectoire et il n'aperçut pas l'arme dans la main du cavalier, apparue aussi soudainement qu'une vague de sable soufflée par le vent, ni n'entendit la détonation de la balle qui explosa dans son abdomen, perfora ses organes vitaux et, déviée par la colonne vertébrale, vint se loger et terminer sa course dans la cavité de la hanche gauche. Il lâcha son arme et tomba à genoux, couinant comme un cochon qu'on égorge.

— Seigneur tout-puissant, tu m'as tué !

— Apporte-moi mon portefeuille.

— Je peux pas ! Seigneur tout-puissant !

— Apporte-le-moi, vieux salopard, ou je t'en colle une autre dans le même trou.

La griffe du vieil homme s'agita sur le portefeuille, sa main valide pressée contre son ventre comme s'il s'agissait d'un tonneau débouché se vidant à gros bouillons, puis il chancela jusqu'au cavalier et lui tendit son portefeuille.

— Merci, dit ce dernier en rangeant son arme et son portefeuille avant de reprendre ses rênes.

— Tu vas pas me laisser en plan ici !

— Si. (Le cavalier le scruta.) Mais je vais te rendre un service. Tu as un mal de ventre dont tu ne risques pas de guérir. Tu peux agoniser ou mourir tout de suite. Si tu le souhaites, je t'achève.

— Achève-moi !

— Si j'étais dans le même pétrin que toi, je me sentirais redevable. Je suis bon tireur et tu es déjà bien vieux, et la vie n'a pas l'air de t'avoir fait de cadeaux.

Main Tordue recula, tomba une fois encore à genoux et se mit à sangloter comme un enfant. La bouche ouverte de stupéfaction. De la salive lui coulait sur le menton.

— Comme il te plaira, dit l'homme sur son coussin écarlate, faisant demi-tour pour repartir. N'essaie pas de braquer quelqu'un d'autre avant de mourir, papy. Tu es vraiment nul pour ça.

Une heure encore sous le soleil obscurci et irrité par la poussière, et il atteignit une crête surplombant le col : à ses pieds s'étendaient la ville et le Rio Grande, et plus loin encore, Ciudad Juárez, une autre chaîne de montagnes et le Mexique. Un vent frais le poussa depuis la crête jusqu'au col. Il n'était pas revenu à El Paso depuis des années et la ville s'était considérablement développée, avait-il entendu dire, oscillant entre péché et rédemption. Ils y avaient installé des églises, un ou deux Républicains, une flopée de banques et une salle de concert pour orchestre symphonique, ainsi que cinq gares ferroviaires, une scierie et les fondations d'une bibliothèque. Voilà pour le péché. Quant à la rédemption, on dénombrait environ quatre-vingt-dix saloons, presque un pour cent habitants, bien que les béni-oui-oui de la ville aient fait reculer les salles de jeu à l'arrière des établissements ou dans les étages. Il y avait dans Utah Street un pâté de maisons offrant les bordels les plus chics et les filles les plus élégantes de toute la chrétienté. Le champagne se vendait à cinq dollars la bouteille et les filles se promenaient en calèche le dimanche. À El Paso, disait-on, "il faisait jour toute la journée, et il faisait jour toute la nuit, aussi".

Il pensa : Si Hostetler est là et s'il dit que je vais bien, et il ferait bien de le dire après que j'ai parcouru presque cinq cents kilomètres pour le voir, je retrouverai mes trente ans en trente secondes. Je prendrai la meilleure chambre du Grand Central ou du Orndorff Hotel. Je dînerai d'huîtres et de *palomitas* que je noierai dans du vin blanc. Puis j'irai à l'Acme, au Keating's ou au Big Gold Bar, je m'installerai, prendrai mon jeu de cartes, sortirai une quinte flush et gagnerai 1 000 dollars. J'irai ensuite au Red Light ou au Monte Carlo, où j'enflammerai la piste de danse. Je me rendrai dans une maison close et leur ferai remplir une baignoire de champagne français, je me déshabillerai et y plongerai en compagnie d'une blonde nue, d'une rousse et d'une mulâtresse, et tous les quatre, nous nous enivrerons, nous rirons et lâcherons des pets diaboliques en faisant des bulles, puis nous nous baptiserons au nom de ma Paire, du Pénis et du Piper-Heidsieck.

Mû par de telles perspectives, il poussa son rouan au trot, augmentant la douleur dans son aine, et se maudit de s'être imaginé à nouveau trentenaire et d'avoir ainsi mis la charrue avant les bœufs.

Il entra dans El Paso par l'ouest, évitant comme la peste Santa Fe Street et la grand-place. Il ne fallait pas qu'on le reconnaisse déjà, pas avant que Hostetler ne lui ait annoncé la bonne nouvelle. Il tourna au sud dans Chihuahua Street et fut aussitôt entouré de chariots, de cabriolets et de calèches. La ville lui était presque méconnaissable. La plupart des vieilles bâtisses hospitalières en adobe avaient été remplacées par des structures à un étage aux façades de briques ornées de fausses corniches. À intervalles réguliers se dressaient de hauts mâts reliés par des câbles et il comprit peu à peu qu'il s'agissait de poteaux et de câbles pour le téléphone et l'éclairage électrique. Encore un peu, pensa-t-il, et il y aurait des troupeaux de calèches sans chevaux. À ce rythme-là, El Paso serait aussi urbanisée que Denver, bien trop prétentieuse pour un homme qui aimait lâcher prise de temps à autre. Les rues, elles, étaient toujours recouvertes de graviers et de nids-de-poule sablonneux.

À l'angle de Chihuahua et d'Overland, un petit vendeur de journaux braillait. Le cavalier tira sur les rênes, lui lança d'une pichenette une pièce de cinq cents et jeta un coup d'œil à la première page afin de découvrir ce qui se passait dans le monde. C'était le *Daily Herald* d'El Paso en date du mardi 22 janvier 1901. Il affichait en une deux titres gigantesques : LA REINE VICTORIA EST MORTE et VIVE LE ROI. Il lut l'article principal :

> Londres, 22 janvier – La Reine Victoria vient de décéder. Ses derniers instants auront été vécus sans douleur. Elle se trouvait dans un état comateux depuis un certain temps. La famille royale entourait son lit de mort, plongée dans le silence tandis que la souveraine la plus célèbre du siècle passait dans l'au-delà. Les préparatifs ont été aussitôt mis en œuvre afin d'annoncer officiellement la nouvelle au Prince de Galles et de le couronner sous le nom d'Édouard VII.

Il replia le journal et le glissa dans sa poche avant de tourner à l'est dans Overland Street, regardant à droite et à gauche. Plusieurs maisons affichaient un panneau où l'on pouvait lire PENSION COMPLÈTE, mais sur l'une d'entre elles, une bâtisse neuve d'un étage en briques, agrémentée d'un porche, d'une allée et d'une clôture en bois, un panneau plus petit annonçait CHAMBRE LIBRE. Sa simplicité lui plut. Elle était chic. Il tira sur ses rênes et se demanda si, au bout de neuf jours, il parviendrait à mettre pied à terre tout seul.

Il retira le coussin sur lequel il était assis. Passer la jambe droite par-dessus la selle déclencha une douleur si violente qu'après avoir dégagé sa botte gauche de l'étrier, il fut contraint de se pencher un instant, le front posé sur le troussequin de la selle, en sueur. Il coinça le coussin sous son bras, attacha son rouan à la clôture en bois et monta les marches d'un pas mal assuré avant de frapper à la porte d'entrée, une porte à doubles battants décorée de vitraux.

Une femme lui ouvrit. Il voulait loger en pension complète pendant un jour ou deux. Elle lui dit préférer des réservations plus longues. Il insista, expliquant qu'il venait de chevaucher neuf jours et qu'il était trop harassé pour perdre son temps à chercher ailleurs. Elle le laissa entrer pour inspecter la chambre. Elle se trouvait dans un angle à l'arrière de la maison, au rez-de-chaussée, et on y accédait par un couloir donnant un peu plus loin sur le salon et sur la salle à manger de l'autre côté. Elle avait une fenêtre au sud, une autre à l'ouest, et elle était équipée d'un lavabo avec l'eau courante. La salle de bains, dit la femme, se trouvait au bout du couloir et le tarif était de deux dollars par jour.

— Il n'y a pas de tiques dans le lit, hein ?

— Certainement pas.

— Je prendrai mes repas ici.

— Je les sers dans la salle à manger.

— Je vous paierai trois dollars par jour.

Elle hésita.

— Oh, très bien. Puisque vous ne restez qu'un jour ou deux.

— Auriez-vous quelqu'un pour faire des courses à ma place ?

— Il y a mon fils. Gillom.

— Dites-lui de conduire mon cheval à une écurie. Mais faites-moi d'abord porter mon bagage. Puis allez trouver un docteur du nom de Hostetler et demandez-lui de passer me voir.

— Vous pouvez téléphoner au docteur. Nous avons le téléphone.

— Je ne sais pas comment faire. Et je ne suis pas d'humeur à apprendre aujourd'hui. Faites-le.

— Vous semblez habitué à donner des ordres.

— Non, madame. Habitué à n'en faire qu'à ma tête.

— Je vois.

Elle le laissa. Il ouvrit le robinet du lavabo, se lava le visage et les mains, puis plaça le coussin écarlate sur un fauteuil en cuir, s'y assit avec prudence, étira les jambes et ferma les yeux.

Au bout de quelques minutes, elle lui apporta son bagage.

— Sur le lit, dit-il, paupières closes.

— J'ai appelé le docteur Hostetler. Il passera bientôt. Il voulait connaître votre nom.

— Qui d'autre loge chez vous ?

— J'ai trois pensionnaires réguliers. Deux employés des chemins de fer et une femme, une institutrice. Ils logent à l'étage. Je m'appelle madame Rogers. Je ne connais pas votre nom.

— Est-ce nécessaire ?

— Pour vivre sous mon toit, oui.

Il ouvrit les yeux et l'examina. Elle avait quarante ans, pensait-il, un visage ordinaire, un corps puissant, des manches bouffantes et un col blancs, un mari qui, imaginait-il, portait une visière et deux brassards aux manches de sa chemise, passait son temps assis à un bureau, faisait l'amour à son épouse une fois par semaine dans le noir après avoir pris son bain. L'Ouest se peuplait de femmes comme elle, et elles l'intéressaient autant qu'une fiente de hibou séchée.

— Hickok, dit-il. William Hickok.

— Et d'où venez-vous, monsieur Hickok ?

— D'Abilene, dans le Kansas.

— J'ai entendu dire que c'est une ville sans foi ni loi.

— Tout à fait.

— Et que faites-vous là-bas ?

— J'en suis le shérif.

— Oh. C'est bien.

— Non, ce n'est pas bien.

Elle se mordit la lèvre.

— Je suis contente que vous ne restiez pas longtemps, monsieur Hickok. Je crois que je ne vous apprécie pas vraiment.

— Peu de gens m'apprécient, madame Rogers.

Elle recula vers la porte.

— Mais je suis très respecté, lui assura-t-il.

Au coin de la fenêtre sud, Gillom Rogers espionnait le nouveau pensionnaire. L'homme défit son bagage et rangea ses affaires dans un tiroir du chiffonnier, puis suspendit sa redingote dans le placard. Lorsqu'il se retourna, il n'était plus vêtu que d'une chemise et d'un gilet. Le garçon écarquilla les yeux. De chaque côté du gilet, un étui avait été cousu à l'envers et dans chaque étui se trouvait un revolver, crosse vers l'avant. Sous le regard du garçon qui retenait son souffle, l'homme sortit les armes, fit tourner les barillets et rechargea une des chambres qui avait de toute évidence été vidée, puis il les replaça dans son gilet avant de le suspendre à son tour dans le placard. Les revolvers étaient une paire de Remington nickelés de calibre .44 à canon court et à action double, sans viseur, sans doute fabriqués sur mesure. Une des crosses était en gutta-percha noire, l'autre en nacre.

Gillom s'éloigna discrètement pour mener le cheval à l'écurie, laissant échapper de ses poumons un soupir de soulagement pour accueillir une telle révélation. Il avait dix-sept ans et passait le plus clair de son temps dans les saloons. Il n'était pas encore autorisé à boire, mais il prenait du bon temps et récoltait de nombreuses informations, certaines véridiques et d'autres, d'une authenticité contestable. Mais l'homme dans la chambre du fond ne lui était pas étranger. Il avait entendu bien assez d'histoires glaçantes et terrifiantes pour savoir qu'un seul homme portait ainsi une telle paire de revolvers.

Il avait sorti une bouteille de whisky de sa valise qu'il avait posée sur l'étagère du placard. Il en but une gorgée et s'installa sur son coussin écarlate avant de déplier le *Daily Herald*. Il le feuilleta pour passer le temps. Il lut un écho mondain :

> Mme Harry Carpenter a tenu une soirée tout à fait délicieuse lundi dernier au domicile de Mme Holm, en l'honneur de son invitée, Mlle Johnson. Un jeu de levées a été organisé, et après un certain nombre de parties, Mlle Anne Martin a remporté la mise des dames, un magnifique plateau peint à la main. La mise des messieurs, une adorable brosse à vêtements en ébène à monture d'argent, a été remportée par Frank Coles. Vers 11 heures, les invités ont été dirigés dans la spacieuse salle à manger où ils se sont vu servir des rafraîchissements. Après le souper, Mlles Martin et Trumbull ont charmé les convives de leurs chants mélodieux.

Il lut une publicité :

> Le docteur Ng Che Hok, médecin chinois diplômé et fort d'une expérience de vingt ans, soigne toutes les maladies féminines et masculines. Il garantit une cure contre : les

infections du sang, la virilité perdue, les maladies de peau, les œdèmes, les hernies, la gonorrhée, les scrofules, les paralysies, les rhumatismes, les maladies du cerveau, du cœur, des poumons, des reins, du foie, de la vessie et tout malaise féminin. Ces maladies sont soignées exclusivement à base de plantes, sans aucune intervention chirurgicale. Consultation gratuite.

On frappa à la porte.

— Je m'appelle Charles Hostetler.

— Docteur. (L'homme ne se leva pas.) Asseyez-vous, dit-il en lui désignant une chaise en bois. Vous me reconnaissez ?

— Je ne crois pas, non.

— Vous m'avez retiré une balle à Bisbee, dans l'Arizona, il y a huit ans de ça.

Le docteur posa sa sacoche et prit place sur la chaise.

— Bisbee. Voyons voir. (Il se pencha en avant.) Books.

— Tout à fait.

— John Bernard Books.

— Tout à fait.

— Vous avez changé.

— Ça ne nous rajeunit pas.

— Mais je dois dire que vous semblez en meilleure forme que ce soir-là.

— J'espère bien. C'était une sacrée altercation.

— Vous aviez tué deux hommes.

— Ils avaient presque réussi à me descendre. C'est la seule fois où j'ai été touché. J'en ai pris une dans le ventre, dans un restaurant, aux alentours de minuit. J'ai eu une sacrée chance que vous soyez dans les parages.

— Je m'en souviens. Vous aviez eu chaud. Je ne sais toujours pas aujourd'hui comment vous avez réussi à vous en sortir.

— Le regrettez-vous ?

— Regretter quoi ?
— Vous n'approuvez pas mes actes.
— Je suis médecin.
Books sourit.
— Comment ai-je pu ?
— Pu quoi ?
— M'en sortir ? Dites-moi ce que vous avez fait.
— En détail ?
— En détail.
Charles Hostetler retira ses lunettes et en essuya les verres.

— Eh bien, si mes souvenirs sont bons, vous faisiez une hémorragie interne. Vous saigniez. La balle était entrée au niveau de la ligne médiane de votre région épigastrique et elle était ressortie à environ huit centimètres de l'extrémité de votre ilion. Nous vous avons étendu sur une table du restaurant et plusieurs mineurs ont tenu des lampes au-dessus de vous. Un de mes amis, un barbier, vous a administré un anesthésique. J'ai tout désinfecté au phénol : mes mains, mes instruments, mes éponges, même la table. J'ai effectué une incision dans votre cavité abdominale et j'y ai versé huit litres d'eau chaude, ce qui a permis d'interrompre l'hémorragie. Je vous ai suturé le foie, j'ai réparé les perforations gastriques et je vous ai recousu. Simple comme bonjour.

— Simple ? Bon Dieu.

— J'étais sûr et certain que l'intervention vous tuerait, mais non. Vous devez être solide comme un bœuf.

— C'est ce qu'on va voir. C'est pour ça que je suis venu jusqu'ici.

— Ah ?

Le docteur remit ses lunettes. Books joignit ses doigts vers le haut.

— Il y a dix jours, j'étais à Creede, dans le Colorado. Ça faisait un mois que je ne me sentais pas en forme. Je suis allé voir un docteur qui m'a examiné. Le lendemain, je suis monté en selle et je me suis mis en route pour El Paso. J'avais entendu dire que vous consultiez ici.

— Qu'a conclu mon confrère de Creede ?

— Je ne vous le dirai pas. Je veux d'abord que vous m'examiniez et que vous me donniez votre avis. Je vous le dirai seulement ensuite.

— Vous ne me faites pas confiance.

— Vous m'avez sauvé la vie.

— Alors vous n'avez pas confiance en ma profession.

— Doc, si je me baladais en faisant confiance à n'importe qui, je serais déjà mort plusieurs fois.

Hostetler sourit.

— Très bien. Je vais vous examiner. Mais si je veux avoir une idée de ce que je cherche, il faut que vous me disiez ce qui vous tracasse.

— Entendu. J'ai mal. J'ai un mal de chien. Ici, à l'entrejambe. (Books montra le coussin sous lui.) Ça fait deux mois que j'ai mal et ça ne fait qu'empirer. Au début, je pensais qu'une vieille chaude-pisse revenait m'assaillir, mais on me l'avait soignée. Et puis j'ai des problèmes avec ma tuyauterie, aussi. J'ai mal quand je pisse et je mets un temps fou à y arriver.

Le docteur l'écoutait.

— Des douleurs dans les vertèbres lombaires ?

— Lombaires ?

— Plus bas.

— Oui.

— Avez-vous remarqué une perte de poids ?

— Je suis peut-être devenu un peu chétif.

Hostetler acquiesça, pensif.

— Très bien. Déshabillez-vous.

Books s'exécuta pendant que le docteur retirait son manteau, remontait la manche droite de sa chemise, se lavait les mains au lavabo, les séchait, ouvrait sa sacoche pour en sortir un pot de vaseline et se lubrifier l'index droit.

Books lui fit face en sous-vêtements longs.

— Agenouillez-vous sur le lit en me tournant le dos, ordonna Hostetler. Baissez le pan de votre caleçon.

— Rhabillez-vous, dit Hostetler.

Books s'habilla et le docteur se lava les mains, les sécha, ferma sa sacoche, rabaissa sa manche et la boutonna, puis il enfila son manteau avant de se rasseoir. Books se leva et posa un coude sur le chiffonnier.

— Alors ?

Le docteur se racla la gorge.

— Books, de temps à autre, je dois annoncer quelque chose de déplaisant à un homme ou à une femme. Je ne suis pas très doué pour ça. Je pratique la médecine depuis vingt-neuf ans et je ne sais toujours pas m'y prendre correctement.

— Appelez un chat un chat.

— Quel âge avez-vous ?

— Cinquante et un ans.

— Très bien, dit Hostetler en croisant les jambes. Vous avez un carcinome de la prostate.

— Un carcinome ?

— Un cancer. C'est le terme courant. Dans votre cas, il s'est produit une métastase terrible – il s'est propagé. À l'examen rectal, j'ai senti une masse dure comme de la pierre qui s'étale de façon latérale depuis votre prostate jusqu'à la base de votre vessie et à votre rectum. C'est ce que le docteur de Creede vous a dit ?

— Oui.

— Et vous ne l'avez pas cru ?

— Non.

— Est-ce que vous me croyez ?

— Vous ne pouvez pas opérer ?

— Vous êtes à un stade trop avancé. Je serais obligé de vous vider comme un poisson.

— Que pouvez-vous faire ?

— Peu de choses. Vous soulager. M'assurer que vous restez au chaud, que vous êtes installé confortablement. Que vous mangez au mieux, tant que vous en serez capable. Vous donner des médicaments contre la douleur.

Books le dévisagea avec intensité.

— Ce que vous cherchez à me dire, c'est que je suis en train de mourir.

— Oui.

Books avança jusqu'au fauteuil en cuir, jeta le coussin écarlate contre le mur, s'assit en affichant une étrange grimace tordue.

— Que le diable m'emporte.

— Je suis désolé, dit Hostetler.

— Non, vous ne l'êtes pas. Vous n'approuvez pas mes actes, je vous l'ai déjà dit.

— Ce n'est pas la question. Vous êtes un être humain et vous êtes mon patient. Par conséquent, je suis désolé.

Books regarda par la fenêtre.

— Je n'aurais jamais pensé partir de cette manière.

— J'en suis certain.

— Si j'avais su ce qui m'attendait…

— Si cela peut vous consoler, personne ne sait ce que l'avenir lui réserve.

— Il me reste combien de temps ?

— Impossible à dire. Vous devez déjà souffrir beaucoup. Et sur ma vie, je ne sais pas comment vous avez pu chevaucher depuis le Colorado dans cet état. D'ailleurs, cela vous a sans doute causé des torts supplémentaires. Cela a précipité les choses, veux-je dire. La stimulation de vos cellules.

— Vous avez dit que j'étais solide comme un bœuf.

— Même les bœufs meurent un jour.

— Voyons les choses autrement. Si vous étiez joueur, sur combien de temps parieriez-vous ?

— Deux mois. Peut-être trois. Ou bien six semaines.

— Vous parieriez du vent ou de l'argent ?

— De l'argent.

— Ce sera une mort douloureuse ?

— J'en ai bien peur, oui.

— Je peux sortir ? Je peux aller boire un coup ? Je peux jouer aux cartes ? Je peux faire l'amour avec une femme ?

— Pendant quelque temps, encore. Plus tard, vous n'en aurez plus l'envie. Ni les capacités.

— Plus tard, c'est-à-dire ?

Le docteur haussa les épaules.

— Vous le saurez le moment venu.

— Bon Dieu.

— Books, je suis désolé.

— Moi aussi.

Charles Hostetler regarda sa montre dans son gilet.

— Je dois y aller. Une autre visite à faire, une grossesse, l'accouchement est prévu d'un jour à l'autre. Ainsi va la vie. Je passerai demain pour vous apporter quelque chose à prendre. Contre la douleur. Oh, et je vous apporterai aussi un livre pour que vous vous renseigniez sur les carcinomes. Si cela vous intéresse.

— Ça m'intéresse.

Le docteur se leva et attrapa sa sacoche.

— Vous pouvez me rendre un service, dit Books. Ne dites à personne que je suis en ville.

— Sans faute.

— Et j'imagine que vous ne direz pas non plus que je suis crevard.

— Non. C'est votre privilège, dit le docteur avant d'avancer jusqu'à la porte. À demain.

Il ne reçut aucune réponse.

Après le départ de Hostetler, il resta assis un moment, un homme de pierre. Il était épuisé. Le vent qui l'avait poussé jusqu'à El Paso soufflait toujours dehors, suppliant aux coins des maisons qu'on le laisse entrer, et bien que les fenêtres fussent fermées, il entendit par-dessus les rafales, une fois, un son aigu, métal contre métal, comme le tintement d'une cloche.

Il pensa : Eh bien. Je n'irai pas au Orndorff, ni au Big Gold Bar, encore moins au Red Light ou dans une maison close. Adieu, ma blonde nue. Au revoir, ma rousse. Bonsoir, ma mulâtresse. Je vais me terrer dans cette chambre et mourir comme un animal. Dans deux mois, peut-être trois, ou bien six semaines. Et une mort douloureuse, qui plus est. Ça fera sacrément plaisir à un tas de gens. Mais n'y pensons pas tout de suite. Je vais boire un coup et lire le journal.

Il se leva, attrapa la bouteille de whisky sur l'étagère et but une longue gorgée, replaça le coussin sur le fauteuil, prit son journal et se rassit.

Il pensa : C'est le dernier journal que je lirai. Je n'en achèterai pas d'autre. J'ai feuilleté des journaux toute ma vie et n'en ai jamais tiré tout ce que je pouvais. Eh bien, je lirai chaque mot de celui-ci, et quand j'aurai terminé, je saurai exactement ce qui s'est passé dans le monde le 22 janvier de l'an 1901. C'est une date sacrément importante pour moi. Pendant une bonne partie de cette journée, je ne savais pas que j'allais mourir, alors en quelque sorte, c'était mon dernier jour de vie. À partir de maintenant, quel que soit le nombre de jours qu'il me reste, ils ne feront qu'empirer.

L'article qui retint d'abord son attention se trouvait en première page :

> Cowes, Île de Wight, 22 janvier – Le masque mortuaire de la reine sera réalisé par M. Theed, le célèbre sculpteur. Les membres de la famille royale à Osborne House ont fait appel à lui dimanche afin qu'il s'attèle dès que possible à l'ouvrage. Artistes et sculpteurs du monde entier sont intéressés par l'importante mission de M. Theed.

Il pensa : Je ne céderai pas. Je ne parlerai à personne de ma situation douloureuse. Je garderai ma fierté. Et mes revolvers chargés jusqu'à la dernière minute.

Deux

Gillom Rogers se leva tard puis descendit à la salle à manger en bâillant. Les habitués, deux employés des chemins de fer et l'institutrice, avaient pris leur petit déjeuner et étaient partis depuis longtemps, la maison était silencieuse. Assise en face de lui tandis qu'il mangeait, sa mère sirotait son café en scrutant son fils comme pour se convaincre qu'il ne pouvait pas déjà être un adulte. Qu'on soit rasé ou non, grand ou non, beau ou non, grossier ou non, rebelle ou non, à dix-sept ans, pensait-elle, on n'était encore qu'un garçon.

Gillom fit un geste de la tête en direction de la chambre à l'arrière de la maison.

— Il est là-dedans ?

— Oui.

— Qu'est-ce que tu lui as donné à manger ? Des clous de fer à cheval et une tasse de pétrole ?

— Chut. Il pourrait t'entendre.

— Qu'est-ce qu'on en a à foutre ?

Elle se souvenait de lui avoir lavé la bouche au savon, lorsqu'il avait dix ans.

— Tu vas à l'école, cet après-midi ?

— Ha ha.

— Alors quoi ?

Il se balança sur sa chaise pour réfléchir.

— Voyons voir. J'irai d'abord au Connie, je pense.

— Ils ne t'y serviront pas à boire.

— Je vais me saouler à mort, puis j'irai dans les bordels, où je sèmerai une panique de tous les diables jusqu'à ce qu'ils m'envoient au *juzgado*.

— Gillom.

— Quoi ? Occupe-toi de tes oignons.

Dans l'entrée, une pendule tictaquait.

— Ne me parle pas sur ce ton, dit-elle. Si ton père était là, il te…

Gillom redressa sa chaise à grand bruit et attrapa la table comme s'il comptait la renverser.

— Je te l'ai déjà dit, m'man, l'avertit-il. Ne me parle pas de lui. Jamais, je refuse.

— Je ne dois pas prononcer son nom en ta présence.

— C'est ce que je t'ai dit.

C'était une provocation puérile qui appelait une réponse de sa part. Si elle tenait tête à Gillom, si elle lui disait la vérité, elle risquait de s'en faire un ennemi, mais si elle l'autorisait à la tancer et à la faire reculer, elle risquait bien plus qu'une dispute : elle risquait de perdre son fils. Elle se contrôla donc. Elle répondit à son mépris par un aplomb impossible à égaler par un enfant de dix-sept ans.

— Je t'aime, dit-elle. Tu le sais et tu en profites. Mais pour tout te dire, je l'aimais davantage, lui. Ça a toujours été le cas, ça le sera toujours.

Il lâcha la table et ne sut plus que faire de ses mains.

— Si cela te peine à ce point, je ne ferai plus jamais allusion à ton père. Mais je parlerai de mon époux autant que je le voudrai.

Elle gagna, du moins temporairement, et à un prix qu'elle ne pouvait estimer. Il souleva la soucoupe de sa tasse de café, souffla pour le refroidir et se relança à l'attaque, comme il était de coutume chez les jeunes gens, cette fois-ci en visant le flanc.

— L'école. Ça a franchement aucun intérêt. J'en apprends plus en traînant en ville.

— Je l'espère.
— J'en suis sûr. Qui s'est installé chez nous hier, à ton avis?
— Il s'appelle Hickok. William Hickok.
— Ha ha.
— C'est le shérif d'Abilene, dans le Kansas. Il me l'a dit.
Gillom but à grand bruit, triomphant.
— Si t'es pas idiote, m'man. Wild Bill Hickok s'est fait descendre à Deadwood il y a vingt-cinq ans.
— Je ne te crois pas.
— Une balle dans le dos. Il jouait au poker. Les cartes qu'il avait en main, on appelle ça la Main du Mort, maintenant. Une paire de…
— Gillom.
— J'ai vu ses armes quand il est descendu de cheval, hier. Une paire de Remington nickelés. Il les porte dans des étuis cousus à son gilet.
— Qui?
Il était incapable de maîtriser son enthousiasme.
— M'man, on héberge le tireur le plus célèbre au monde actuellement! Il vit avec nous, ici, dans Overland Street! Oh, il est mauvais. Il a tué trente hommes!
— Gillom, dis-moi qui c'est!
— Accroche-toi bien. C'est J.B. Books!
Les joues de Bond Rogers s'enflammèrent. Elle se leva, pivota et s'appuya au dossier de la chaise pour garder l'équilibre. Elle dévisagea son fils, puis sortit en hâte de la pièce.

— Entrez.
Elle passa la porte mais ne parvint pas à décider s'il fallait ou non la fermer derrière elle. Si elle la laissait entrouverte, Gillom risquait d'entendre. Si elle la fermait, elle se mettait à la merci d'un homme violent, peut-être même dépravé. Elle la laissa donc ouverte mais s'y adossa et tint fermement la poignée.

— Monsieur Books.

— Madame Rogers.

— Vous vous appelez J.B. Books.

— Tout à fait, madame.

— Vous avez loué ma chambre sous une fausse identité.

— Parfois, je fais ma propre réclame, et parfois non.

— Je refuse qu'une personne de votre acabit réside sous mon toit. J'exige que vous fassiez vos bagages et que vous partiez.

— Je suis désolé.

— C'est ma chambre, je vous le rappelle. Je veux que vous ayez quitté les lieux d'ici une heure.

— Je suis désolé. C'est impossible.

— Et pourquoi ?

— Je préfère ne pas vous le dire.

— Vous refusez de partir ?

— Oui.

— C'est votre dernier mot ?

Il la dévisagea, un léger amusement lui étirant la commissure des lèvres.

— Vous avez un très beau teint, madame, quand vous êtes en rogne.

Troublée et courroucée par le compliment, Bond Rogers tourna les talons, se heurta à la porte qu'elle claqua derrière elle et tomba nez à nez avec son fils. Il se tenait dans le couloir, l'oreille tendue comme elle s'y était attendue, mais l'expression de son visage la sidéra. Il la considérait avec la même acuité, la même détermination et le même éclat amusé qu'elle venait de fuir, et à l'idée qu'elle se soit peut-être trompée à son sujet, que son fils soit peut-être déjà un homme et plus un garçon, qu'elle vive sans doute avec deux étrangers, deux hommes qui avaient obtenu droit de séjour chez elle sous de faux prétextes, elle en fut terrifiée. Gillom ne bougeait pas. Elle se déroba devant son fils et alla au téléphone fixé au mur, en souleva l'écouteur sur son crochet, actionna la manivelle et positionna l'émetteur à hauteur de sa bouche.

— Opératrice ? Passez-moi le bureau du shérif, je vous prie. Je n'ai pas le numéro exact et je n'ai pas le temps de le chercher. C'est le shérif Thibido. Merci.

Moses Tarrant, propriétaire d'une pension équestre dans Oregon Street, s'arrêta à l'Acme Saloon. L'endroit était presque désert puisque les salles de jeu se trouvaient à l'étage. En homme parcimonieux, Tarrant buvait peu, et lorsque l'occasion se présentait, il tenait bien l'alcool, mais ce jour-là, il avait du mal à se retenir d'annoncer la nouvelle. Sous l'influence d'une bière à 50 cents, il révéla au barman que J.B. Books était à El Paso. Il le savait car, dit-il, il accueillait dans son écurie le cheval du tueur. À la surprise de Tarrant, le barman l'écouta avec indifférence, sans cesser de nettoyer ses verres à l'aide de son tablier avant de les ranger. Renfrogné, le propriétaire de l'écurie but son verre cul sec et sortit. Mais dès qu'il eut passé la porte, le barman abandonna son comptoir sans surveillance, grimpa les marches à une vitesse inhabituelle et annonça aux cinq hommes attablés autour d'un jeu de cartes que J.B. Books était en ville. Parmi les joueurs se trouvaient un homme du nom de Shoup, et un autre nommé Norton.

— Je suis le shérif de la ville. Walter Thibido.

— Ravi de vous rencontrer.

— On m'a dit que vous étiez John Bernard Books.

— On vous a dit la vérité.

— J'ai déjà vu votre visage dans les journaux, mais je ne vous aurais jamais reconnu. Vous deviez être jeune sur la photo.

— Je suis bien plus beau aujourd'hui.

Le shérif n'était pas d'humeur à plaisanter. Il semblait s'être mis sur son trente-et-un pour ce qui s'apparentait à une occasion importante, peut-être même historique : costume en tissu sergé, chemise propre, insigne en cuivre et, dans un étui neuf à sa hanche droite, le Peacemaker qu'il portait seulement le dimanche.

— Asseyez-vous, l'invita Books.

— Je ne crois pas, non.

Books remarqua qu'il tenait son chapeau de la main gauche et gardait la droite libre, que son col le comprimait, que ses chaussures crissaient et, plus important encore, qu'il avait le souffle court face à ses responsabilités. Ce qui signifiait qu'il était suffisamment remonté pour effectuer le sacrifice civique suprême si nécessaire, ce qui le rendait imprévisible, ce qui le rendait dangereux.

— Respirez calmement, shérif. Vous êtes plus proche de votre arme que moi de la mienne. Et je tue rarement avant midi. Comment avez-vous appris ma présence ici ?

— Le gamin de Mme Rogers vous a repéré et le lui a dit. C'est elle qui m'a téléphoné.

— Et vous venez me souhaiter la bienvenue à El Paso.

Thibido était plus intéressé par l'éventualité de sa propre mortalité que par le sarcasme.

— Absolument pas, bon sang. Elle dit que vous vous êtes présenté à elle comme étant Wild Bill Hickok et qu'autrement elle ne vous aurait jamais loué la chambre. Elle exige que vous partiez. Et je ne lui en veux pas.

— Moi non plus.

— Donc je veux que vous partiez, Books. J'ai regardé tous les bulletins d'information avant de venir et je n'y ai pas trouvé de motif pour vous arrêter. Je le regrette. Mais je veux vous voir quitter la ville. Nous avons cinq gares et elles seront ravies de vous vendre un billet pour aller au diable.

— Je refuse qu'on me pousse dehors.

— Ce n'est pas mon intention. Je vous offre même le billet.

— Pour des raisons purement personnelles.

— Purement personnelles, oui.

— Lesquelles ?

— Parce que je suis shérif depuis un an et que ça me plaît. Je dors à la maison, ma femme est bonne cuisinière. J'ai six adjoints en uniforme et nous recevons un salaire de la ville à la fin de chaque mois. Je ne suis pas obligé de dépendre des amendes. Tout ce qu'on a à prendre en main, ce sont les ivrognes, les tricheurs, un vol à main armée ou un combat au couteau de temps à autre, et ce dont je n'ai vraiment pas besoin, c'est d'un client brutal comme vous. Si vous traînez ici, vous attirerez les ennuis comme les chiottes attirent les mouches. Alors je veux vous voir partir, et loin. Immédiatement. Aujourd'hui même.

— Je risque de ne pas en avoir envie.

— Alors, Dieu m'en est témoin, je vous en donnerai l'envie. Je vous l'ai dit, j'ai six adjoints et je peux donner une étoile à autant d'hommes que nécessaire. On vous enfumera ou on vous sortira d'ici les pieds devant, et j'aurai l'appui de la mairie. Alors à vous de choisir, monsieur la Gâchette. Ce seront vos funérailles.

Books le dévisagea. À l'issue de sa péroraison, le shérif avait le visage rouge et respirait plus fort, se balançant d'un pied sur l'autre dans ses chaussures qui couinaient. Il pliait et dépliait les doigts de sa main droite, récitant sans doute une prière dans sa tête.

— Je ne peux pas m'en aller, dit Books.

— Vous ne pouvez pas ?

— Non. Je suis dans une sale situation.

— Vous risquez de vous retrouver dans une situation pire encore.

— Rien ne peut être pire. J'ai un cancer.

— Un cancer ?

— De la prostate.

— Elle est bonne, celle-là.

— Demandez au docteur Hostetler. C'est pour ça que j'ai fait toute la route depuis le Colorado, pour venir le voir. Il m'a examiné hier. Je n'en ai plus pour longtemps. Je vais mourir dans cette chambre.

Walter Thibido était un petit homme musclé d'une quarantaine d'années. Il observa Books et son visage s'agita. Il s'effondra soudain sur la chaise, penché en avant, les coudes sur les genoux, le visage entre les mains, et à travers ses doigts il poussa un soupir de soulagement.

— Pfiou. Pfiiouuu.

Il évoquait à Books un homme qui vient juste de sortir d'un bain turc et de passer sous une douche froide.

— Je vais vous dire la vérité, Books. Quand je suis entré ici, j'avais peur, avoua-t-il en souriant derrière ses doigts. Je sais ce dont est capable un homme comme vous, une fois au pied du mur. En chemin, je me demandais qui prendrait ma place de shérif et si la mairie accorderait une pension à ma femme, et s'il neigerait le jour où l'on m'enterrerait. Pfiiouuu.

Il hocha la tête, se redressa et trouva son chapeau.

— Un cancer. Un cancer, glousssa-t-il. Oh, c'est la meilleure. Mon Dieu, c'est la meilleure. Quand je pense à toutes les fois où vous avez dû échapper de justesse à la mort, et voilà. Le célèbre tueur ne mourra pas d'un empoisonnement au plomb ou d'une jolie cravate en corde, après tout. C'est son entrejambe qui aura sa peau !

Il se rendit compte de ce qu'il disait.

— Excusez-moi de ne pas afficher un air sombre. C'est impossible.

Books gardait le silence. Et devant son manque de repartie, le shérif retrouva perceptiblement toute son assurance. Il avait rempli son devoir et avait survécu. Il n'avait pas été contraint de dégainer son arme. On lui avait tendu sa dignité et son autorité sur un plateau d'argent. À sa connaissance, sa conscience et sa prostate étaient en excellent état. Il s'adossa à la chaise et passa les pouces dans son gilet.

— Je suis un homme chanceux, Books. C'était un satané enfer à El Paso, il y a quelques années. Wes Hardin s'est fait descendre dans San Antonio Street il y a six ans. John Selman lui a fait sauter la cervelle. Puis George Scarborough a tué Selman. Et un dur-à-cuire – peut-être Will Carver – a tué Scarborough. Avant ça, Dallas Stoudenmire a tué Hale, et Frank Manning l'a tué. Oh, on a eu notre compte. Eh bien, quand ils m'ont engagé l'année dernière, j'ai pensé : On entre dans un siècle nouveau, les gros bras se sont entretués, la roue de la fortune a enfin arrêté de tourner et je peux être un homme de loi tout en restant en bonne santé, je finirai par mourir dans mon lit. Et voilà que Mme Rogers me téléphone. Je me suis dit : Mon Dieu, j'avais bien tort, la roue s'est remise à tourner. Il ne reste plus qu'un tueur et, Dieu m'en garde, le voilà qui décide de venir danser un dernier fandango, et dans ma ville qui plus est. Je vais être obligé de l'affronter. Aujourd'hui, Thibido, c'est le jour où tout se termine. J.B. Books va souffler la flamme de ta bougie. Mais ce n'est pas le cas, n'est-ce pas ? dit-il en affichant un sourire jovial. Un cancer. Si c'est pas la meilleure, ça.

— Vous parlez trop, dit Books.

Sa remarque eut autant d'effet qu'une claque. Walter Thibido recula, puis il se ressaisit et retrouva sa truculence précédente.

— Je parlerai autant que je le voudrai, bon sang. (Il se leva.) Je vais demander confirmation à Hostetler. Mais je vous crois. Restez bien tranquille ici, que je puisse garder un œil sur vous.

— Où voulez-vous que j'aille ?

— C'est vrai, où iriez-vous ? Dites, au fait, il vous donne combien de temps ?

— Il ne sait pas exactement. Six semaines, peut-être.

— Six semaines.

— Vous pouvez me rendre un service, Thibido.

— Je vous dois bien ça. À vous ou à Hostetler.

— Gardez ça pour vous, ne dites à personne que je vais y passer bientôt.

— Pourquoi ?

— Que je sois à El Paso, ça peut être rendu public. Mais que je sois en train de mourir, c'est moi que ça regarde.

— Très bien. De toute façon, je ne veux pas qu'un mouton galeux essaie de vous aider à partir plus vite. Ou de faire passer Hostetler pour un menteur. Vous, de votre côté, vous pouvez aussi me rendre un service.

— Un seul.

— Laissez-moi voir vos revolvers.

— Dans le placard. Sur mon gilet.

À nouveau fier comme un coq, Thibido couina jusqu'au placard, en tira le rideau, fouilla le gilet à tâtons sur le cintre et, l'un après l'autre, avec un respect certain, en sortit les Remington.

— Seigneur, dit-il en les inspectant d'un œil professionnel. Exactement comme on le dit. Fabriqués sur mesure.

— Tout à fait.

— À simple action ?

— Plus lents.

— Mais plus précis.

— Oui, si on sait s'en servir.

— Modifiés, j'imagine.

— Un ressort spécial en acier trempé. J'ai demandé au fabricant de limer le chien, aussi. On obtient une meilleure décharge quand on rajoute de la pression sur la détente.

— Des canons de 13 centimètres.

— Qui tirent à la vitesse de l'éclair.

— Je m'en tiens à un Colt, moi.

— Vous faites bien.

Le shérif inclina la tête.

— Je pourrais les prendre, vous savez. Maintenant.

— Mais vous ne les prendrez pas.

— Ah non ?

— Non, dit Books d'un ton posé. Parce que si vous le faisiez, je sortirais pour acheter un revolver, n'importe lequel. Je peux encore me déplacer. Et puis je viendrais vous chercher. Vos adjoints fuiraient comme des lapins. Vous seriez seul. On sait comment ça finirait, vous et moi. Il neigerait le jour de votre enterrement. Alors rangez donc mes armes.

C'était le maximum que pouvait supporter Thibido. Il se tourna vers le placard et après avoir tiré le rideau, il mit son chapeau sur sa tête, écarta les jambes et parla avec autant de calme que Books.

— J'ai aussi entendu dire que vous étiez le fils de pute le plus méchant que la terre ait jamais porté. Eh bien, faites votre fils de pute tant que vous le pouvez encore. Je vous l'ai dit, quand je suis entré ici, j'avais peur. Ce n'est plus le cas. Ce n'est pas moi qui suis en train de mourir. C'est vous. Alors soyez un gentleman, faites plaisir à tout le monde et partez vite. Six semaines, c'est trop long. Je m'assurerai que vous ne vous sentiez pas trop seul, je passerai vous changer les idées et voir comment tout ceci avance. Et je vous rendrai encore un dernier service.

Books attendit.

— Le jour où ils vous mettront en terre, je chierai sur votre tombe en guise de fleurs.

Books rajusta son coussin écarlate.

— C'est un sacré beau costume que vous portez, shérif.

Des *burros* chargés de bois de chauffage à vendre passèrent en file devant la maison, poussés au trot par un Mexicain équipé d'une longue branche de cactus en guise de fouet. Walter Thibido et Bond Rogers se tenaient sur le porche.

— Il s'agit bien de J.B. Books, n'est-ce pas ?

— Oui, m'dame, c'est bien lui.

— Je ne l'aurais pas autorisé à entrer chez moi si j'avais su.

— Je ne l'aurais pas autorisé à franchir les limites de la ville.

— Mais il va partir, à présent.

Thibido hésita et balbutia.

— Madame Rogers, je voulais vous en parler, justement.

— Vous n'avez pas reculé, j'espère !

— Certainement pas. Mais je dois vous faire une confidence, madame Rogers. Il ne restera pas ici longtemps.

— Shérif, quand mes pensionnaires apprendront qui il est, ils fuiront comme des rats. Je ne peux pas me le permettre. Ils sont mon gagne-pain. Vous cherchez à me dire que je ne peux pas décider seule de qui vit chez moi et qui doit en partir ?

— M'dame, il est… (Le shérif serra la mâchoire.) Il ne restera pas ici longtemps.

— Certainement pas, non !

Son attention fut soudain détournée. Le chariot de glace s'arrêta et elle en commanda vingt kilos. Elle observa attentivement l'homme couper le bloc, le peser, essuyer les débris de glace, hisser le bloc sur son épaule, puis Mme Rogers lui demanda de l'emporter à l'arrière de la maison et de le marquer sur sa carte, fixée à la porte de derrière. Pendant ce temps, Thibido cherchait une manière d'amadouer la femme ; l'observant, il convint qu'il ne rechignerait pas à se serrer contre elle par une nuit froide et il espérait que Ray Rogers avait su apprécier ce qu'il avait chez lui.

— Vous êtes un représentant de l'ordre, reprit-elle.

— C'est ce que j'essaie de vous dire, madame Rogers. Pour la police, il est plus sécurisant de l'avoir ici, où je peux garder un œil sur lui, plutôt que de le laisser en liberté. C'est un homme dangereux. Il ne vous fera pas de mal, ce n'est pas son genre – les revolvers et les échanges de tirs, c'est avec ça qu'il gagne son pain. S'il vient à sortir, téléphonez-moi sur-le-champ.

— Mais mes pensionnaires. Quand ils vont apprendre...

— Ne leur dites rien. Gardons tout ceci entre nous. Cela vaut aussi pour votre fils.

— Je n'ai pas pu dormir. Rien qu'à l'idée d'avoir un homme comme lui assis là chaque heure du jour et de la nuit...

— Mais la ville vous en sera très reconnaissante.

— Gillom m'a dit qu'il avait tué trente hommes.

Walter Thibido avait d'autres chats à fouetter. Il se redressa en une posture professionnelle.

— Madame Rogers, je vous donne ma parole. Il ne restera pas chez nous très longtemps.

> Denver, Colorado, 22 janvier – Ce matin même, Claude Hilder, âgé de dix-neuf ans, a tiré sur Emma Douglas et Harry R. Haley, avant de retourner son arme contre lui. La femme se rétablira sans doute. Haley est grièvement blessé aux poumons. La jalousie semblerait à l'origine d'une telle tragédie. Le frère de Hilder, un soldat de retour des Philippines, s'est récemment donné la mort; sa mère, quant à elle, s'est infligé des blessures mortelles. La famille est réputée pour baigner dans la folie.

Books reposa le *Daily Herald*. Il pensa: Voilà où je me trouve. Une chambre dans une pension d'Overland Street à El Paso, Texas. J'y serai jusqu'en mars, peut-être, ou en avril. C'est le dernier endroit que je verrai. Je ferais mieux de l'observer en détail.

La pièce était spacieuse, sans doute cinq mètres sur sept. Le parquet, du chêne probablement, devait coûter cher dans cette région, et la moquette Wilton était décorée de roses rouges et violettes. À côté du lit et devant le lavabo, des tapis ovales crochetés orange et noir avaient été installés afin de protéger la moquette. Les meubles étaient de bonne qualité : un fauteuil en cuir dans lequel il était assis, un secrétaire entre le fauteuil et le lit en laiton ; sous le lit, un pot de chambre en porcelaine bordé d'une ronde de chérubins vous accompagnant à la harpe tandis que vous pissiez ; une chaise en bois ainsi qu'un chiffonnier massif à cinq tiroirs. Sur la table, au milieu d'un grand napperon, reposait une lampe équipée de deux ampoules, d'une chaîne et d'un abat-jour richement décoré. Le matériau ressemblait à de la gélatine, mais il était dépoli, et sous cette couche de cristal, on avait peint des oiseaux de paradis vert, marron et bleu, si bien qu'une fois la lumière allumée, l'effet était réaliste et presque magique. Les oiseaux semblaient prendre leur envol. Sur la table, sous l'abat-jour, on avait installé une bonbonnière avec un couvercle en forme de grappe de raisin. Le bocal était vide. Il appréciait le lavabo, le miroir et le porte-serviette. Se raser lui deviendrait peut-être difficile d'ici quelque temps, mais au moins il ne serait pas obligé de quitter la chambre pour le faire. Le papier peint représentait des fleurs de lis bleues et dorées sur un fond blanc et deux illustrations avaient été mises sous verre et encadrées. Sur l'une, la plus petite, un Indien fier chevauchait son mustang sur un promontoire rocheux, scrutant l'étendue sauvage d'un air triste. Sur l'autre tableau, le décor se composait d'une clairière dans une forêt et d'un étang placide autour duquel plusieurs nymphes agenouillées contemplaient leur reflet, juste assez vêtues pour révéler leurs charmes plutôt plantureux sous leurs vêtements diaphanes. Elles n'étaient pas seules. Derrière un buisson, un groupe de créatures mi-hommes mi-boucs les espionnaient, et avec leurs cornes, leurs sabots, leurs queues et leurs pattes poilues, ils lui paraissaient bien excités et prêts à bondir sur les nymphes dans l'intention de leur faire passer un sale quart d'heure. Au plafond pendaient deux ampoules dans des dômes de verre. Le rideau du placard, accroché à une tringle, était en mousseline verte. Les deux fenêtres étaient équipées de voilages en dentelle et celle orientée au sud était ouverte, si bien que le rideau s'envolait dans la brise. Il vit une ombre sur le mur.

Il se souleva du coussin, longea le mur et contourna le lit pour atteindre l'autre pan du mur.

Il se pencha et, pliant le bras gauche, il le plongea par la fenêtre ouverte et atteignit le mur extérieur comme un crochet. Quand ses doigts trouvèrent prise, il resserra son étreinte. Il tira vers lui.

Gillom fut traîné le long du mur par une bretelle de son pantalon jusqu'à ce que son visage se trouve à quinze centimètres de celui de J.B. Books. Une autre main passa par la fenêtre et l'empoigna à la gorge.

— Espèce de petit salaud ! Si tu m'espionnes encore une fois, je te cloue à un arbre par les oreilles.

L'homme avait passé ses deux mains autour du cou de Gillom.

— Tu m'as reconnu, hein ? Tu l'as dit à ta maman, pas vrai ? À qui d'autre tu es allé bavasser ?

— À Mose, lâcha Gillom d'une voix étouffée.

— Parle plus fort !

— À Tarrant. À l'écurie.

Il fut soulevé de terre et secoué comme un rat qu'un terrier aurait attrapé.

— Bon Dieu, gamin ! Si t'étais mon fils, je te fouetterais si fort les fesses que tu ne pourrais plus jamais t'asseoir pour le restant de ta petite vie minable !

Gillom n'opposa aucune résistance. Aussi soudainement qu'il avait été empoigné, il fut relâché. Le visage de Books semblait se déformer en sillons et en crêtes. Il grogna. Il tomba à genoux, lourdement, au beau milieu de la chambre. Il tourna la tête et posa sa joue contre le chambranle de la fenêtre.

Gillom fit un pas en arrière et attendit en se massant la gorge. Il finit par demander :

— Tout va bien, monsieur Books ?

— Oui.

— Êtes-vous souffrant ?

— Pas en aussi bonne forme que je le souhaiterais.

Gillom se mordit la lèvre. C'était une habitude désagréable, de se mordre ainsi la lèvre d'un air amer, comme s'il se dévorait mais n'appréciait pas le goût de sa propre chair.

— Mais est-ce que vous dégainez toujours aussi vite ?

À cette question, Books releva la tête. Il s'apprêtait à redonner une leçon au garçon, de toutes ses forces, mais l'expression qu'affichait le visage si près du sien exprimait une admiration si évidente, une vénération de petit chien, oreilles pendantes et queue frétillante, que sa colère retomba et sa douleur se calma.

— Comment m'as-tu reconnu, fiston ?

— Vos revolvers.

— J'avais ma redingote sur le dos.

— Je vous ai regardé. Par la fenêtre.

— Je ne supporte pas les fouineurs. Si tu veux me voir, frappe à ma porte comme un homme.

— Oui, monsieur.

— Et que sais-tu de mes revolvers ?

— Tout le monde en a entendu parler, bon sang. Et de vous. Vous êtes la plus grande célébrité jamais venue à El Paso.

— Ça ne réjouit pas ta maman.

— Elle ne comprend pas. Bon Dieu, elle a pas la moindre idée de la personne qui loge chez nous.

— Mais toi, si. Et tu ne sais pas la boucler. Si tu n'y arrives pas, je vais m'occuper de toi.

— Je la bouclerai.

— Pourquoi n'es-tu pas à l'école ?

— Eh bien, j'ai laissé tomber.

— Je ne supporte pas non plus ceux qui abandonnent. Quand on commence quelque chose, on le finit. Ou alors, on ne le commence pas.

Le garçon gardait le silence. Books grogna et se releva lentement.

— Quoi que tu fasses, ne traînasse pas. Rends-toi utile.

Gillom sourit.

— Qu'est-ce que vous faites d'utile, vous ?

Ce fut à Books de garder le silence. Séparés par le mur de briques, ils ne se voyaient plus.

— Je peux vous apporter quelque chose, monsieur Books ?

— Non.

— Je peux cirer vos bottes ?

— Non.

— Je dois faire le ménage dans votre chambre.

— Allez-y.

Vêtue d'un tablier, les cheveux protégés par un foulard, Bond Rogers entra en portant comme prétexte un chiffon à poussière, un pain de savon Bon Ami et un balai mécanique. La chambre avait à peine besoin d'un petit coup de ménage, mais elle avait convenu de prendre les corvées ménagères comme excuse pour s'affairer devant lui et pour se donner une contenance. Elle ne pouvait pas entrer et se tenir tout bonnement devant lui, le dos à la porte une fois encore, ou assise face à lui pour discuter, elle n'en avait pas le courage. En revanche, si elle bougeait, si elle s'occupait, si elle gardait une moitié de son esprit à la tâche et l'autre moitié sur son discours, peut-être parviendrait-elle à survivre à ce supplice et à obtenir ce qu'elle était venue chercher. Elle avait prévu de s'attaquer d'abord aux poussières et de lui rappeler le mensonge qu'il avait proféré afin d'entrer dans sa maison, puis, tandis qu'il se tordrait de culpabilité et qu'elle passerait le balai sur la moquette, elle le persuaderait de prendre ses quartiers ailleurs, peut-être dans un repaire d'iniquité qui conviendrait davantage à ses appétits.

Mais la situation se gâta dès le départ. Afin d'échapper au regard de l'homme assis dans le fauteuil et de tourner le dos à la menace qu'il représentait, elle ne fit pas la poussière mais entreprit de nettoyer le lavabo. Ce qui la plaça près du placard où pendait son gilet, et la proximité de ses armes la fit frissonner. Elle savait également qu'il l'observait, et plus précisément son arrière-train, sans doute. Elle porta le pain de savon à ses narines comme pour renifler des sels, mais elle ne sentit que le vice, la poudre, le langage grossier et la puanteur de la mort. À l'instant même où elle ouvrait la bouche pour l'accuser d'avoir employé une fausse identité dans le but criminel de la tromper, il prit la parole :

— Je vous présente mes excuses, madame Rogers.

— Des excuses ?

— Pour avoir prononcé le nom d'Hickok en vain.

— Vous devriez être désolé, oui. Mais je n'accepte pas vos excuses. Pour faire pénitence, votre seule issue sera de partir.

Elle frotta le lavabo consciencieusement, dans l'expectative.

— Quel est ce bruit que j'entends environ toutes les demi-heures ? Vers l'angle de la rue. Comme les roues d'un chariot.

— Oh, c'est sans doute le tramway. Il passe à l'angle de notre rue toutes les trente minutes.

— Le tramway ?

— Oui. Tracté par une mule. El Paso en a un depuis quelque temps, déjà. Il traverse la rivière et fait l'aller-retour jusqu'à Ciudad Juárez. Monsieur Books, j'étais en train de vous demander de quitter les lieux.

— Quand aurai-je l'honneur de rencontrer M. Rogers ?

— Mon mari est décédé l'an passé.

— Je suis désolé.

Elle rinça le lavabo.

— Quand mes autres pensionnaires apprendront qui vous êtes, ils partiront et je ne pourrai pas les en empêcher. Cette maison, c'est tout ce que j'ai – les revenus qu'elle engendre –, et j'ai encore un emprunt à rembourser à la banque. Si je perds ces revenus…

— Que faisait-il ?

— Il était préposé aux passagers pour la G&H, la société des chemins de fer.

Elle attrapa le pain de savon glissant, le fit tomber, le ramassa avant de se retourner ; la vue de cet homme impudent, assis sur son coussin en velours comme un potentat sur son trône tandis qu'elle s'attelait aux tâches ingrates, suscita en elle la détermination qui lui avait fait défaut depuis le début.

— Monsieur Books, je sais tout à votre sujet. (Elle posa les mains sur ses hanches.) Vous êtes un individu brutal et tristement célèbre, dépourvu de décence et de bonnes manières.

— Préposé aux passagers. Est-ce qu'il portait des brassards à ses manches de chemise ?

— Vous êtes un assassin.

— On m'a traité de beaucoup de choses.

— Je crois ce que dit mon fils. Et ce que dit le shérif Thibido. Vous avez tué Dieu sait combien d'hommes.

— C'est vrai.

— Vous êtes donc un assassin.

— Tout dépend de quel côté du revolver vous vous trouvez.

— Balivernes !

Il sourit.

— Ils étaient sur le point de me tuer.

Son sourire, son intonation moqueuse, sa remarque, et plus que tout, sa logique imparable, firent rougir Bond Rogers malgré elle. Désarçonnée, elle arracha le chiffon fixé à la ceinture de son tablier et entreprit d'épousseter le haut du chiffonnier.

— Vous vous êtes bassement présenté à moi sous un faux nom, monsieur Books. Vous avez pris avantage d'une veuve, d'une femme sans défense.

— Sans défense, ça m'étonnerait. Vous me semblez pleine d'énergie et de piquant.

— Il m'a dit que vous ne resterez pas longtemps parmi nous.

— Qui ça ?

— M. Thibido.

— Que vous a-t-il dit d'autre ?

— Que vous êtes un homme dangereux – je n'avais pas franchement besoin qu'on me l'explique.

Elle cessa de faire la poussière. Elle froissa le chiffon comme pour en faire une arme.

— Longtemps ou pas, je vous demande une dernière fois de quitter ma maison. Si vous ne pouvez pas vous comporter en gentleman, vous pourriez au moins avoir pitié de ma situation. Monsieur, j'exige que vous partiez. Si cela peut vous faire plaisir, je peux m'agenouiller et vous supplier de…

— Non.

— Allez au diable.

— Madame Rogers, je ne peux pas partir.

— Vous ne pouvez pas !

— Je n'ai nulle part où aller.

— Il y a quantité de…

— J'ai le cancer.

— Vous…

— Je suis en train d'en mourir.

— Oh.

Elle ne comprenait pas vraiment. Elle replaça le chiffon dans son tablier.

— C'est pour ça que je suis venu à El Paso, pour voir le docteur Hostetler. Il m'a retiré une balle, un jour. Il est venu ici, comme vous le savez, pour m'examiner. Je n'ai pas la moindre chance.

Elle avança jusqu'au lavabo, récupéra le pain de savon. Elle était comme une somnambule.

— Thibido a raison. Je ne resterai pas longtemps. Deux mois, peut-être. Ou six semaines.

Elle retraversa la chambre jusqu'au balai, l'attrapa par le manche.

— Je suis désolé, madame. C'est moi qui suis sans défense. Je partirais volontiers mais personne n'acceptera de m'héberger.

À cet instant, Bond Rogers céda. Elle s'effondra à l'autre bout du lit, porta ses mains à son visage et éclata en sanglots.

— Je sais ce qui vous perturbe, dit-il. D'avoir à vous occuper de moi. Eh bien, vous n'aurez pas besoin de le faire. Contentez-vous de m'apporter mes repas et je ferai le reste. Je vous garantis que je ne serai pas un fardeau.

Elle essaya de parler, en vain.

— Le jeu en vaudra la chandelle. Je vous paierai quatre dollars par jour.

Sa réponse fut inintelligible.

— Tout ce que je vous demande, c'est de garder tout ça entre nous. La nouvelle circule déjà que je suis en ville, le mal est fait. Mais je ne veux pas que ma maladie se sache. Quelqu'un pourrait se mettre en tête que je suis incapable de me défendre, et je suis déjà bien assez embêté comme ça.

— Non, pas chez moi ! (Elle pleurait sans parvenir à se contrôler.) Oh, non, je vous en prie. Mon Dieu, non !

Shoup et Norton étaient cousins germains et ivres. Ils jouaient au billard à l'Acme. Ayant terminé leur partie, ils remplirent à nouveau leurs verres au bar et s'installèrent à une table dans un coin du saloon, emportant avec eux le plateau d'œufs durs couverts de mouches offerts aux clients en guise de déjeuner gratuit.

— Rapportez-moi ces œufs, lança le barman.

— Ils sont gratuits, non ? rétorqua Norton.

— Vous pouvez prendre un œuf, pas le plateau entier. Prenez-en un chacun et rapportez-moi le reste.

Shoup sortit son revolver et le posa sur la table.

— Cause-moi encore sur ce ton, espèce de sale fils de pute d'ivrogne, et je te fais la raie de l'autre côté du crâne.

Le barman se nommait Murray mais répondait au surnom de "Mount" – Montagne – car, malgré sa maigreur, il mesurait 1,95 m. Il se pencha et sortit un fusil Parker à canon double qu'il déposa sur le bar.

— Tu le vois, celui-là, Shoup ? Je suis très précis. Si tu t'avises de poser le doigt sur la détente, je tirerai un coup, puis un autre, et je te ferai sauter les noix l'une après l'autre. Séparément. Rapporte-moi ces œufs.

Shoup en garda un pour lui, Norton un autre, et Shoup rapporta le plateau jusqu'au bar avant d'aller se rasseoir. Ils s'approchèrent l'un de l'autre.

— Books, dit Shoup.

— Books, dit Norton.

— À trois pâtés de maisons d'ici.

— Trois pâtés de maisons.

— Ferme-la. J'ai eu affaire à lui il y a longtemps de ça, dans le comté de San Saba. J'ai un compte à régler avec Books et toi, tu m'en revaux une.

— Mmh-mmh.

— Peut-être bien qu'il y a un moyen. À nous deux, peut-être bien qu'on peut le descendre.

— Pas question que j'aille me battre contre lui, déclara Norton en soulevant son œuf avant d'ouvrir la bouche. Il est trop rapide, comme gars.

Usant du canon de son revolver comme s'il s'agissait de sa main, Shoup asséna une seule et unique claque sur l'œuf, les doigts et la bouche. Norton écarquilla les yeux à l'impact. Il s'étrangla avec l'œuf ensanglanté.

— Espèce de sale lâche, dit Shoup. J'ai un compte à régler avec Books et toi, tu m'en revaux une.

Sa logeuse frappa et expliqua qu'un reporter du journal attendait sur le porche. Il souhaitait l'interviewer.

— M'interviewer ? À quel sujet ?

— Il ne m'a rien dit.

— Faites-le monter.

Avant que son visiteur n'entre, Books se leva non sans effort, rajusta sa cravate, laissa tomber le coussin écarlate derrière le fauteuil, envisagea de revêtir sa redingote mais se ravisa et resta debout à l'attendre.

— Monsieur Books, J.B. Books, c'est un plaisir de faire votre connaissance, monsieur, et un honneur. Je m'appelle Dan Dobkins. Je travaille pour le *Daily Herald*.

Ils échangèrent une poignée de main et s'assirent.

— Comme je vous l'ai dit, monsieur Books, c'est un grand honneur, et un honneur tout à fait inattendu. Merci de me recevoir, merci beaucoup.

— Comment avez-vous su que j'étais à El Paso, monsieur Dobkins ?

— Eh bien, c'est de renommée publique, monsieur. Des nouvelles de cette sorte se répandent comme un feu de prairie, croyez-moi. Nous avons fait paraître un article ce matin, qui dit que vous êtes en ville, que vous logez chez madame Rogers, que vous profitez de notre climat hivernal salubre, et ainsi de suite. Vous ne l'avez pas lu ?

— Non.

— Il a fait la une, laissez-moi vous l'assurer.

— Que puis-je faire pour vous ?

— Eh bien, monsieur…

Dobkins était un jeune homme filiforme d'une vingtaine d'années, avec un long nez, des chaussures jaunes, un costume à rayures et une pomme d'Adam agitée d'un mouvement perpétuel. Il dégageait un parfum presque romantique d'eau de toilette et de talc.

— C'est pour cela que je suis venu vous voir, monsieur Books. Vous devez apprécier, monsieur, d'être le tireur le plus célèbre subsistant.

— Subsistant ?

— Existant. Encore en vie.

— Je vois.

— Tous les autres ont disparu, j'en ai bien peur – Hickok, Masterson, les Earp, Bill Tilghman, Ringo, Hardin, Doc Holliday, Sam Bass, Rowdy Joe Lowe –, tous ces grands noms.

— C'est vrai.

— La fin d'une ère, un coucher de soleil, pourrait-on dire. Vous êtes l'unique survivant, monsieur Books, et nous vous en sommes reconnaissants – enfin quoi, votre réputation est connue à travers tout le pays. L'article de ce matin a été télégraphié, et tous les quotidiens importants le publieront. Mais ce n'est qu'un aperçu. Ils en voudront davantage. Les journaux de l'Est, notamment – un personnage haut en couleur comme vous fait figure de héros pour les gars de là-bas. À New York, Boston, Philadelphie, Washington – ils publieront chaque mot qu'on leur enverra. Entre nous soit dit, monsieur Books, nous pourrons vraiment contribuer à la renommée d'El Paso.

— Vous faites un sacré long tour autour du pot, monsieur Dobkins.

— Oui, monsieur. Eh bien, monsieur, j'apprécierais beaucoup de faire une série d'articles sur John Bernard Books, la dernière gâchette.

— Une série ?

— Oui. Combien de temps comptez-vous rester parmi nous ?

— Pas très longtemps.

— Oh. Eh bien, j'ai apporté avec moi une liste de questions. (Le reporter tira un petit carnet de sa poche.) Je les ai préparées à l'avance – nous pourrions commencer aujourd'hui, maintenant, et nous revoir encore une fois demain.

— Quel genre de questions ?

— Voyons voir. (Dobkins ouvrit le carnet et sortit un crayon.) Tant de mauvais romans ont été publiés au sujet des tireurs professionnels, comme vous le savez sans doute, monsieur Books. Des romans à deux sous, des mythes, des mensonges éhontés, ainsi de suite. Je comptais relater les événements tels qu'ils s'étaient déroulés, pour une fois – vous savez, l'histoire réelle, les faits –, pendant que vous êtes encore disponible, avant qu'un malheur ne vous arrive. Enfin, j'espère que rien ne vous arrivera mais…

— Les questions.

— Oh, oui. Eh bien, par exemple, nous commencerions par le commencement : vos années de jeunesse. Ce qui vous a fait prendre le chemin de la violence avant tout.

— Continuez.

— Ce ne sont pas tant des questions que des sujets de discussion. Puis je couvrirais votre carrière de manière factuelle – les statistiques, disons. Combien de duels vous avez faits. Combien de victimes.

Books acquiesça.

— J'aimerais plonger au plus profond dans l'âme d'un tireur – personne n'a jamais fait cela de manière sérieuse. Quelle importance peut avoir l'instinct de survie ? Quel est le véritable tempérament d'un assassin ? Est-il aussi solitaire qu'on le dit ? Sait-il vraiment garder la tête froide quand pleuvent les balles ? Est-il sanguinaire de nature ? Rumine-t-il après avoir perpétré son crime ? Se fait-il des reproches ? Ou bien a-t-il vécu si longtemps avec la mort pour seule compagne qu'il s'est habitué à tout cela – à la mort des autres, à la perspective de son propre trépas ?

Dobkins improvisait. Porté par sa rhétorique, il ne semblait pas avoir remarqué que son hôte s'était levé et approché du placard. Books tira le rideau et tendit un bras.

— Et pour finir, j'aimerais prendre un de vos duels comme exemple et le disséquer pas à pas, tir après tir. Ce que vous avez ressenti à l'issue du combat, quand vous en êtes sorti indemne ? Quelles étaient vos émotions lorsque vous avez baissé les yeux sur votre ennemi mortellement blessé, les yeux vitreux, lâchant son dernier souffle ? Quelles ont été ses ultimes paroles ? Quelle a été votre réponse ? Oh, je vois une apothéose splendide – nos lecteurs seront collés au…

Dan Dobkins ravala la fin de sa phrase. Ses yeux se firent vitreux. Il scrutait la gueule scintillante d'un canon de revolver.

— Ouvrez la bouche, dit Books.

Il ouvrit la bouche. Le canon du Remington fut introduit de cinq ou six centimètres contre sa langue.

— Fermez la bouche. Ne mordez pas. Faites comme s'il s'agissait d'un téton. Suçotez-le.

Dobkins s'exécuta.

— Bien, murmura Books. Vous remarquerez que j'ai retiré le cran de sûreté. Cette arme est équipée d'une détente extrêmement sensible. Le moindre mouvement, le moindre tremblement et Mme Rogers nettoiera votre cervelle sur le papier peint à l'eau et au savon. Maintenant, posez votre carnet et votre crayon. Doucement.

Le reporter fit doucement.

— Levez-vous et reculez vers la porte. Ne tremblez pas, ne frissonnez pas, ne respirez pas – contentez-vous de suçoter. Très bien, allez-y.

Dan Dobkins évolua au ralenti, chancelant, se leva et entreprit de glisser en arrière. Il ferma les yeux. Sa pomme d'Adam était entrée en convulsions. Il gémit.

— Je vais ouvrir la porte. Vous continuerez à reculer. Vous passerez la porte. Doucement.

Le canon dans la bouche, les yeux clos, gémissant, le reporter franchit la porte à reculons et marcha jusqu'à l'entrée, Books le suivant pas à pas. Lorsqu'ils longèrent le salon, Mme Rogers bondit du canapé.

— Monsieur Dobkins ! Monsieur Books, comment osez-vous ! Au nom du ciel, que…

— Pas un geste, madame, l'avertit Books. Nous sommes dans une situation délicate.

Elle s'immobilisa, les mains devant la bouche.

Ils atteignirent la porte d'entrée. Books tendit la main vers la poignée, ouvrit les deux battants et les écarta de la main gauche. Il se redressa, fit lentement glisser le canon du Remington hors de la bouche du reporter. Dobkins ouvrit les yeux.

— Tournez-vous.

— S'il vous plaît, monsieur Books, je vous en…

— Tournez-vous.

Dobkins se tourna.

— Penchez-vous.

Dobkins se plia en deux.

Books passa son arme dans sa ceinture, prit appui sur sa jambe gauche et plaça solidement la semelle de sa botte droite contre l'arrière-train du jeune reporter.

— Dobkins, vous êtes un petit fils de pute curieux, un sale freluquet talqué. Si jamais vous revenez pavaner dans les parages, je vous tue.

Il poussa de toutes ses forces. Dobkins fut projeté par la porte et à travers le porche avec un tel élan qu'en touchant la marche supérieure de l'escalier avec l'épaule et la tête, il fit un saut périlleux dans l'escalier et roula sur l'allée en bois pour atterrir au milieu de la chaussée en une masse informe à rayures.

Elle l'admonesta. Après le coup de pied, il s'affaissa sur un genou. C'était l'acte le plus sauvage et le plus gratuit qu'elle ait jamais vu infligé à un autre être humain, dit-elle, et si elle avait été un homme, elle l'aurait fouetté pour cela. Il se plia soudain en deux, le visage blanc comme de la craie, se tordit et s'affala de tout son poids contre le mur. Il y resta un moment, la tête penchée, en proie à une douleur atroce, puis il plaqua les deux mains sur le mur afin de se soutenir et entreprit, pas à pas, de longer le couloir en direction de sa chambre. Elle craignait qu'il ne s'effondre. Elle s'approcha de lui et posa une main sur sa hanche pour l'assister. Il l'écarta d'un geste brutal, marmonnant qu'il se débrouillerait tout seul. Quand il atteignit la porte ouverte, il se redressa et plongea, les mains en avant, pour s'effondrer tête la première sur le lit. Elle lui demanda s'il voulait qu'elle téléphone au docteur. Il fit non de la tête.

— Très bien, dit Bond Rogers. Je suis sûre que vous n'êtes pas plus mal que le pauvre M. Dobkins, étendu là-bas sur le trottoir. Et si vous l'êtes, monsieur J.B. Books, c'est bien fait pour vous.

Hostetler le trouva cloué au lit, la tête sur l'oreiller.

— Vous allez bien ?

— Oui.

— Que s'est-il passé ?

— J'ai chassé un reporter à coups de pied. Ça a bien manqué me déchirer en deux.

— La stimulation des cellules. Vous ne pouvez plus faire ce genre de choses, vous savez.

— Maintenant, je le sais. Allez, je vais me lever.

— Non, restez là. Restez allongé, je vais m'asseoir près de vous.

Le docteur ferma la porte derrière lui et approcha le fauteuil du lit.

— Chaque chose en son temps, docteur. J'ai oublié de vous demander l'essentiel : combien est-ce que je vous dois ?

Hostetler sourit.

— Vous êtes un homme comme je les aime, monsieur Books. En général, c'est la dernière question qu'on me pose, si on me la pose un jour. Oh, disons un dollar pour les médicaments et quatre dollars pour les deux consultations. Ne vous levez pas.

— Dans le placard, dans la poche de ma redingote, mon portefeuille. Servez-vous.

— Je le ferai plus tard.

De sa sacoche, le docteur tira un livre relié d'une couverture en cuir marron.

— J'avais promis de vous apporter ceci. *Les Principes de la chirurgie*, par Bruce. Il y a un passage sur les carcinomes que vous pouvez lire si le cœur vous en dit. J'ai corné le coin de la page, dit-il en posant l'ouvrage sur le secrétaire. Maintenant…

Il installa sur le secrétaire une fiole de trente centilitres remplie d'un liquide violacé.

— Voilà votre médicament.

— Qu'est-ce que c'est ?

— Du laudanum. Un mélange d'opium et d'alcool.

— De l'opium ? Est-ce que l'on ne risque pas de développer une habitude ?

— Parfois. Il s'agit davantage d'une dépendance, à vrai dire. Mais dans votre cas…

Le docteur haussa les épaules. Books fit une grimace.

— Oui. Ça a quel goût ?

— Un goût horrible. Mais il y a tout de même une consolation. Vous allez faire des rêves.

— Des rêves ?

— Des rêves incroyables. Vous aurez peut-être même des visions. Aimez-vous lire ?

— Non.

— Puisque nous sommes en privé, je vous avoue que moi, si. Je connais un poète anglais, Coleridge – Samuel Taylor Coleridge. Il avait pris l'habitude de consommer de l'opium pendant un temps, si j'ai bien compris, et au réveil un jour, il a rédigé un poème composé pendant son sommeil. Inspiré en quelque sorte d'une vision qu'il avait eue. Un texte plutôt phénoménal. Il s'intitule *Koubla Khan*. Je me souviens des deux premiers vers et des quatre derniers. Voyons voir.

Charles Hostetler retira ses lunettes et se frotta l'arête du nez.

— Ah, oui. “En Xanadou, lui, Koubla Khan / S'édifia un fastueux palais.”

— Xanadou ? C'est où ?

— Qui sait ? Une sphère étrange et orientale de l'imagination. Sans doute dans le Proche-Orient. Khan devait être une sorte de potentat. Les quatre derniers vers me sont inoubliables. “Tissez un cercle autour de lui trois fois / Fermez vos yeux frappés d'une terreur sacrée / Il s'est nourri de miellée / Il a bu le lait de Paradis.”

Hostetler hocha la tête.

— Le sens de tout ça, je ne suis pas certain de le saisir, mais ces phrases dégagent un certain rythme, une mélodie.

Books observait le laudanum.

— Le lait de Paradis – au moins, il contient de l'alcool. C'est pour quoi faire, exactement ?

— C'est le plus puissant analgésique que nous ayons.

— Oh. Et combien je dois en prendre ?

— Autant que nécessaire. Quand vous le jugerez nécessaire. Faites vous-même votre prescription. Une cuillère devrait faire l'affaire, au début.

— Et plus tard ?

Hostetler remit ses lunettes.

— Il vous en faudra de plus en plus. Et son effet sera de moins en moins puissant, je le crains.

Les deux hommes gardèrent le silence. Un rai de lumière caressait la fiole sur la table entre eux, projetant un éclat violet sur l'abat-jour cristallin qui se prélassa parmi les oiseaux de paradis vert, marron et bleu. Le silence était causé par une réticence mutuelle. Books ne voulait pas poser la question et Hostetler n'avait aucune envie d'y répondre. Ils attendirent donc chacun la répartie de l'autre. Le docteur trouva une issue, bien que détournée, pour tous les deux.

— Je n'ai pas de bonnes manières, admit-il. Je n'en ai jamais eu. Dans un cas comme le vôtre, je suis bien en peine d'afficher une humeur joyeuse. Et la poésie ne nous est d'aucune aide.

— Vous êtes certain qu'il s'agit d'un cancer ?

— Absolument. J'aimerais pouvoir en faire davantage, Books, mais c'est impossible. Un jour, nous viendrons à bout de ce monstre, j'en mets ma main à couper, mais ce sera dans longtemps, sans doute après ma mort. Nous vivons dans le présent.

Books déboutonna le col de sa chemise.

— Vous m'avez dit la dernière fois que je pourrais encore me lever et circuler pendant un moment. Combien de temps ?

— Je ne sais pas. Mais vous le saurez, vous. Un matin, vous vous réveillerez et vous vous direz : "Je ne peux plus sortir. Je ne peux même plus m'habiller tout seul. Me voilà alité, et je vais rester au lit."

Ils gardèrent à nouveau le silence.

— Bon Dieu, dit Books.

— Oui. Bon Dieu, dit Hostetler.

— Sacrée façon de tirer sa révérence, dit Books.

— Sacrée façon de tirer sa révérence, dit Hostetler.

Books posa la main sur *Les Principes de la chirurgie*, puis la retira.

— Vous m'avez dit que ma mort serait douloureuse. Douloureuse comment ?

Le docteur ferma sa sacoche, s'approcha du placard et plongea la main dans la redingote dont il sortit le portefeuille.

— Combien je vous ai dit ? Cinq ?

— Allons, docteur. Douloureuse comment ?

— Cinq, oui. Ne vous complaisez pas dans la morbidité.

Il rangea le portefeuille et tira le rideau.

— Je veux savoir, Hostetler. Que va-t-il m'arriver ?

Hostetler rangea son propre portefeuille, avança derrière le fauteuil en cuir, ramassa sa sacoche qu'il posa sur l'assise et mit les mains sur le dossier. C'était un petit homme trapu d'une soixantaine d'années, avec des cheveux gris coupés court et des yeux bleus bienveillants.

— Je préfère ne pas en parler, à moins que vous insistiez.

— J'insiste.

Hostetler pinça les lèvres.

— Vous allez vous dégrader peu à peu. Le processus sera lent, dans un premier temps, puis rapide.

— Me dégrader ?

— Vous maigrirez de façon anormale. Un phénomène appelé “cachexie”.

— Quoi d'autre ?

— Les os de votre visage deviendront proéminents. Votre peau prendra une teinte grisâtre. Vous serez assez horrible à voir. Personne n'osera vous le dire, mais ce sera le cas. Assez horrible.

— Quoi d'autre ?

— La douleur se fera de plus en plus sévère. Dans la zone lombaire, les hanches et l'aine.

— Quoi d'autre ?

— Faut-il vraiment continuer ?

— Oui.

— Votre système urinaire va progressivement cesser de fonctionner. Votre vessie risque d'enfler puisque vous ne pourrez plus la vider. Vous deviendrez peu à peu urémique.

Empoisonné par vos propres déjections corporelles, suite à une insuffisance rénale.

— C'est tout ?

— À ce stade, la douleur sera intolérable et aucun médicament ne pourra la soulager. Avec un peu d'espoir, vous serez déjà dans un état comateux. Avant cela, vous hurlerez.

— Seigneur tout-puissant.

Charles Hostetler ramassa sa sacoche et avança jusqu'à la porte. Pour la première fois, il semblait sévère, presque furieux.

— Je regrette que vous m'ayez contraint à vous livrer ces détails, monsieur Books. Si vous avez besoin de moi, appelez. Bonne journée, monsieur.

Il claqua la porte derrière lui. Il la rouvrit aussitôt, entra et la ferma d'un air d'excuses.

— Je suis désolé de m'être montré sec envers vous. Je dois juste ajouter quelque chose. Si on y réfléchit un instant, nous avons énormément de choses en commun. Nous côtoyons souvent la mort, tous les deux. Je la retarde quand je peux. Vous l'infligez quand vous y êtes obligé. Je ne suis pas un homme courageux, mais vous devez l'être, vous, au vu de votre profession. Eh bien, vous aurez beau faire preuve du plus grand courage de toute votre vie, cela n'aidera en rien. Ce n'est pas un conseil que je vous donne, pas même une suggestion, juste quelque chose à cogiter pendant que vous avez encore l'esprit clair. (Il scruta un moment le bout de ses chaussures.) Si j'étais dans votre situation, je sais ce que je ne ferais pas.

— Quoi ?

Charles Hostetler tendit l'oreille, comme pour s'assurer que personne n'écoutait aux portes.

— Je ne vous le dirai pas clairement. Cela va à l'encontre de mon éthique professionnelle. Mais je refuserais de mourir de la façon que je viens de décrire.

— Ah non ?

— Certainement pas. Pas si j'avais votre courage. Certainement pas. Et surtout si j'étais aussi doué au revolver.

Books le dévisagea.

— Au revoir.

Books le dévisagea.

— Merci.

Cette nuit-là, il ne put trouver le sommeil tant il souffrait. Il se leva, tira sur la chaîne de la lampe, s'assit sur son coussin, prit le livre que lui avait apporté Hostetler et en examina la page de titre. L'auteur des *Principes de la chirurgie* s'appelait James W.D. Bruce, professeur de chirurgie à l'université d'Édimbourg, chirurgien de l'Infirmerie Royale. L'ouvrage avait été publié à Philadelphie par Lea & Blanchard en 1878.

Il trouva la page cornée et ouvrit le livre au chapitre intitulé "Carcinome". Il lut la définition qu'en faisait l'auteur : "Il s'agit d'une tumeur maligne occulte dont la forme maximale est appelée *Cancer*." Il poursuivit sa lecture, lentement, jusqu'à atteindre ce dernier passage :

> L'état cachectique du système s'aggrave de plus en plus ; le patient perd le sommeil et l'appétit ; son émaciation est conséquente et en progression constante ; l'expression blême et cadavérique du visage est plus prononcée ; le corps tout entier devient exsangue ; une fièvre maligne, selon le terme consacré, s'installe ; les fonctions vitales s'épuisent progressivement, s'accompagnant d'une douleur physique importante.

Il referma le livre avec un claquement sec. Il ne pouvait en lire davantage. Mais quelque chose, le claquement peut-être, lui déclencha un accès de douleur tel qu'il se pencha, les poings contre les tempes, et se balança d'avant en arrière. Lorsqu'il rouvrit les yeux, il aperçut la fiole sur la table. Qu'avait dit

Hostetler ? Une cuillère devrait suffire au début ? Il l'attrapa, la déboucha et l'inclina, puis avala ce qu'il jugea être l'équivalent d'une cuillère de laudanum. Le liquide avait un goût amer. Books referma la fiole et la replaça, puis il s'adossa au fauteuil et attendit. Le soulagement se produisit en quelques minutes. Il n'éprouvait pas tant une disparition totale de la douleur qu'une sorte d'ouverture, chaude et attirante, dans toute la région du bassin, accompagnée d'une lente vague d'euphorie. Il était lessivé, comme submergé de plaisir. Il se leva sans peine du fauteuil, sans inconfort, pour la première fois depuis deux mois. Il sourit comme un gamin.

Il tira la chaîne de la lampe, retourna au lit, s'y allongea, sourit une fois encore et s'endormit.

Il rêva. Il n'eut pas de vision. Il rêva de l'échange de tirs au restaurant de Bisbee, dans l'Arizona, la seule bagarre où il ait jamais été blessé. Les deux hommes qui s'étaient jetés sur lui, les deux hommes qu'il avait tués n'avaient plus de visage ; il ne les avait jamais vus avant ce soir-là, quand ils avaient échangé des insultes plus tôt dans la soirée à une table de bonneteau dans un saloon. Il ne connaissait même pas leurs noms. Et il n'avait pas été touché par l'un d'eux, mais par un troisième homme, un inconnu, un ivrogne, un spectateur aussi étranger à la querelle qu'une araignée au plafond, qui avait bondi d'une table où il dînait, qui avait dégainé et avait atteint Books d'une balle dans le ventre avant de ressortir tranquillement du restaurant en se curant les dents. Books savait depuis longtemps que l'issue de la plupart des duels était imprévisible. Bien trop souvent, lorsque les armes jaillissaient et crachaient, les acteurs principaux ne gagnaient pas. C'était un inconnu, un importun quelconque animé de l'envie secrète d'utiliser une arme à feu au moins une fois dans sa vie contre un autre être humain, ou de connaître une mort spectaculaire, un connard à six doigts incapable – même sobre – de viser les pis d'une vache avec une tasse en fer-blanc, c'était lui qui se précipitait et mettait en scène le dernier acte inestimable de la pièce. Bat Masterson disait qu'il fallait avoir des tripes, un talent dans le maniement des armes à feu et de la détermination. En résumé, il fallait être un professionnel. Il avait oublié de mentionner l'œil qu'il fallait avoir à l'arrière du crâne pour repérer l'éventuel crétin, l'amateur. Mais à dire vrai, Masterson avait toujours raconté des conneries.

Il rêva aussi de Serepta, d'un ébat amoureux, du son qui jaillissait de sa bouche ouverte lorsqu'elle approchait de la jouissance. Il commençait comme le roucoulement plaintif d'une colombe, une élégie à la jeunesse, à la force, à la beauté fanée, fanée puis perdue à tout jamais; puis l'accélération, le son qui s'élevait plus puissant et plus aigu quand elle atteignait l'orgasme, comme si son cœur était remonté dans sa bouche et pulsait pour lui une chanson de vie, un hululement à la fois tragique et triomphant: la, la, la, la, la, la, la. Il n'avait jamais entendu une autre femme émettre un tel son pendant l'acte.

Elle le réveilla.

La douleur le réveilla.

Il tira la chaîne de la lampe et plissa les yeux vers sa montre. Le laudanum lui avait accordé presque quatre heures de répit.

Il vous en faudra de plus en plus, lui avait dit Hostetler. Et son effet sera de moins en moins puissant.

Il hésita à siroter encore une fois la fiole violette, puis renonça.

Il pensa: C'était étrange, que Hostetler me dise cela avant même que j'y pense. J'aurais fini par y penser sans doute, plus tard, mais je suis content qu'il l'ait mentionné. Il n'y a rien de lâche là-dedans. C'est tout à fait logique. Un homme serait fou de mourir d'une mort lente s'il n'y est pas contraint et forcé. Et je saurai également quand le moment sera venu, c'est Hostetler qui l'a dit. Un jour viendra. Ce jour-là, je m'en occuperai. Le diable m'emporte si John Bernard Books s'avise de mourir en hurlant.

Il posa la main droite sur le métal agréable de son revolver sous l'oreiller, la gauche sur celui qui reposait près de son flanc sous la couverture. Il dormait avec ses armes depuis des années. Il se demanda laquelle des deux il utiliserait.

Books pensa : Peu importe.

Il pensa : Les deux sont mes amies.

Trois

Jack Pulford était croupier à la table de pharaon du Keating's, l'un des quatre-vingt-six saloons d'El Paso. Il était connu pour ses toilettes raffinées et son adresse au revolver. C'était un homme blond d'une quarantaine d'années et d'une beauté singulière, il se faisait raser par un barbier, et puisque ses mains étaient, d'après lui, ses outils de travail et que la distribution des cartes au pharaon impliquait qu'elles soient sans cesse à la vue de tous, il demandait au barbier de lui limer et de lui polir les ongles. Il arborait chaque jour un gilet en lin court et une chemise propre en soie blanche. Cette dernière était ornée de boutons en losange. Il portait un petit Smith & Wesson de calibre .38 dans un étui discret et professionnel, fixé haut et à portée de main contre sa hanche droite. Pulford était réputé pour être le meilleur tireur de l'ouest du Texas. Il pouvait dégainer et tirer avec une vitesse et une précision incroyables, et s'entraînait souvent sur des cibles devant un public admiratif, sur le terrain municipal de base-ball. On murmurait qu'il avait tué un homme à Abilene et un shérif adjoint à Lander, dans le Wyoming, et si personne ne pouvait vérifier la véracité de ces meurtres, ils étaient cependant connus de fait.

Un exploit, par un soir de février 1899, avait teinté d'or sa réputation à El Paso. À cette époque, il s'occupait de la table de pharaon au Gem où il gérait la caisse et la cage, et un dénommé Cleo James l'avait accusé de truquer le jeu de cartes. Pulford lui avait asséné deux claques, rendu sa mise et l'avait fait jeter dehors. James avait traîné son ressentiment ailleurs, l'avait alimenté en alcool et s'était procuré une arme avant de retourner au Gem et de tirer plusieurs fois sur Pulford en passant la porte d'entrée, au grand désarroi de la clientèle. Ce fut une erreur de jugement augmentée par la distance qui le séparait de sa cible. Pulford était installé dans la pièce du fond, la salle de jeu du saloon, encadré par le châssis de la porte. James avait déjà tiré quatre coups dans sa direction lorsque le croupier se leva, dégaina et tira, le tuant d'une seule balle en plein cœur. Un tir d'une telle précision, à une si grande distance et sous les coups de feu, était incroyable. On alla chercher un mètre : entre l'endroit où James s'était écroulé et celui d'où avait tiré Pulford, on mesura 25,69 m.

Il officiait à la table un soir de la fin janvier, deux ans plus tard, quand l'un des joueurs fit remarquer que J.B. Books était en ville, terré dans une pension d'Overland Street. Mais tout le monde était au courant. La partie continua. Et mal en point, ajouta le joueur, très mal en point. Il était en train de mourir d'un cancer.

Sa réflexion interrompit net la partie. L'informateur fut amplement questionné. Il savait cela de source sûre. Il l'avait entendu d'un ami qui l'avait entendu de la bouche de Thibido lui-même, le shérif. Books allait passer l'arme à gauche.

Pour une raison inconnue, tout le monde jeta un coup d'œil à Jack Pulford.

— C'est une sale nouvelle, dit-il en scrutant l'éclat de ses ongles. Voilà un homme que j'aurais pu battre.

À la table, personne n'osa mettre sa parole en doute.

Il prenait du laudanum seulement la nuit, deux cuillerées, l'une au coucher et l'autre quatre heures plus tard. Cet après-midi-là, la douleur ne lui permit pas d'attendre jusqu'au soir. Ce fut la première dose qu'il avalait en pleine journée.

Aussitôt soulagé, il s'empara du journal et entreprit la lecture d'un article intitulé L'INVASION DU BLOOMER EN L'AN 01 :

De nombreux débats s'élèvent au sujet de la tenue vestimentaire des femmes à bicyclette. Un écrivain new-yorkais nous apprend la chose suivante à propos des bloomers. C'est une question difficile à traiter. Il y a de cela un an, les femmes qui rougissaient à l'évocation même de ces pantalons bouffants les portent désormais avec joie, défiance et grâce. Il est vrai que les bloomers sont aussi volumineux que les jupes, mais quel que soit le quartier de la ville fréquenté par les femmes à bicyclette dans le district métropolitain, il est devenu évident que les bloomers rapetissent lentement mais sûrement. Les femmes parlent désormais de bloomers entiers, de bloomers trois-quarts et de demi-bloomers. Que les fractions diminuent encore un peu et le bloomer aura l'aspect d'un sous-vêtement court et moulant.

Les bloomers de satin noir sont un spectacle courant sur la longue voie cyclable de Brooklyn en direction de Coney Island. À dire vrai, ce vêtement est bien plus répandu dans le quartier calme de Brooklyn que dans le centre-ville animé de New York. Cela est peut-être dû…

— Entrez.

Bond Rogers avait frappé à la porte.

— Monsieur Books.

— Madame Rogers. Quelle est votre opinion sur les bloomers ?

— Je vous demande pardon !

Il agita son journal.

— Je lisais un article sur le sujet. Ils sont devenus la coqueluche de New York. Il paraît que les femmes qui rougissaient à leur simple évocation il y a un an les portent désormais "avec joie, défiance et grâce".

Elle était devenue aussi écarlate que le coussin en velours.

— Je suis venue voir… commença-t-elle. Quoi, déjà ? Ah oui, ce que vous pouviez manger. Enfin, si vous pouviez manger ce que j'allais servir ce soir.

— Non, c'est faux.

— J'aimerais bien que vous cessiez de me contredire.

— J'aimerais bien que vous disiez enfin le fond de votre pensée.

— Très bien. Je vous présente mes excuses pour l'autre jour, après le départ de M. Dobkins. Le reporter.

— Après que je l'ai chassé à coups de pied.

— Je vous demande pardon de vous avoir fait la morale. C'était sans doute très peu chrétien de ma part. Et aussi de m'être laissée aller en apprenant votre… votre maladie. Je suis désolée. Je comprends que personne d'autre ne vous hébergerait. Je voulais juste vous dire que je ferai tout en mon pouvoir pour vous aider.

— Merci. Je peux manger de tout. Je suis désolé, moi aussi, d'avoir écarté votre main de la sorte. Je vous avais assuré que je ne serais pas un fardeau pour vous, et j'ai été trop fier, toute ma vie, pour accepter l'aide de quiconque. Je vais devoir apprendre. Asseyez-vous donc une minute.

— Eh bien…

— S'il vous plaît.

Elle prit la chaise en bois.

— Le docteur est-il certain ? Que vous avez un cancer ?

— Oui.

— Et il ne peut rien faire ?

Books montra la fiole violette.

— Il m'a donné ça. C'est un analgésique – du laudanum.

— Du laudanum ? Mais cela crée une dépendance, non ?

— Et alors ?

Elle prit conscience de son erreur.

— Oh. Oui. Suis-je bête.

Il la dévisagea.

— Madame Rogers, avez-vous peur de moi ?

— Oui.

— Pourquoi ?

— Ces revolvers dans le placard. Ce que vous avez fait avec. Le genre d'homme que vous êtes.

— Il y a encore deux mois, vous auriez eu tous les droits. D'avoir peur. Beaucoup de gens étaient terrifiés. Mais plus maintenant.

— J'espère que non.

— Vous avez peut-être été trop souvent effrayée, dit-il. Les veuves le sont parfois, les femmes seules. Ma présence ici vous aidera peut-être à surpasser cela. Peut-être que je pourrais vous être utile.

— M'être utile ?

— Oui. Je n'ai jamais eu peur de rien. J'ai été prudent, oui, mais c'est différent. Peut-être que je peux réussir à faire ressortir le cran qui sommeille en vous. Je sais que vous en avez.

Le tour que prenait la conversation la perturbait. Elle se leva brusquement.

— Je dois préparer le dîner.

Elle se dirigea vers la porte. Comme elle avait le dos tourné et qu'elle ne pouvait voir l'effort que cela lui requérait, il se hissa sur ses pieds.

— Avant que vous ne partiez, madame Rogers, j'ai un service à vous demander. Voilà trop longtemps que je suis dans cette chambre. Je me demandais si vous accepteriez de faire une promenade avec moi aux abords de la ville demain matin. Je louerai un attelage.

— Demain ? Oh, c'est impossible, monsieur Books, mais merci de me l'avoir proposé. Vous n'êtes pas au courant pour demain ?

— Non.

— Le président McKinley vient à El Paso. Il y aura une parade, le McGinty Band viendra jouer et tous les enfants de l'école vont défiler avec des drapeaux. Il doit faire un discours sur la grand-place. Je ne peux pas manquer cela.

Il prit appui sur le dossier du fauteuil.

— Êtes-vous certaine que c'est la véritable raison ?

— Bien entendu.

— J'aimerais que vous y réfléchissiez encore. S'il y a du chambard demain en ville, tant mieux. Nous pourrons nous faufiler sans attirer l'attention de personne. Je n'ai pas envie qu'on me voie. Rien qu'une heure ou deux ?

— Monsieur Books, j'apprécie…

— Vous ne souhaitez pas être seule en ma compagnie. Très bien, demandez à votre garçon de nous accompagner comme chaperon.

— Ce n'est pas la raison, je vous l'assure. Je ne suis veuve que depuis un an à peine. Les gens vont…

— Les gens, ricana-t-il. Madame, si je dois jouer la corde de la pitié, je le ferai. Ce sera sans doute la dernière occasion que j'aurai de faire une promenade. Le docteur Hostetler m'a dit qu'un jour viendra où je ne pourrai plus sortir de mon lit. Avant que ce jour n'arrive, je veux voir le monde une fois encore – le ciel, les grands espaces – et je ne souhaite pas le faire seul. J'ai eu ma dose de solitude, ces derniers temps. Tout ce que nous avons fait depuis mon arrivée, vous et moi, c'est de nous égratigner et de nous excuser ensuite. Eh bien, si je dois mourir sous votre toit, je pense que nous devrions au moins essayer d'être amis. Alors ça me ferait un foutu plaisir que vous veniez avec moi. Pardon pour les grossièretés.

Bond Rogers n'avait pas imaginé qu'il puisse être aussi loquace, ni aussi éloquent. C'était vrai : sous ses airs menaçants, au-delà de la grossièreté, quand s'éteignaient les braises de violence qui se consumaient sans cesse, se trouvait un enfant à l'orteil blessé en quête de consolation. Elle avait su découvrir cet enfant chez Ray, bien que dans le cas de son époux, les défauts qui le dissimulaient fussent mesurés plutôt que répréhensibles. Derrière le visage souriant de son mari, elle avait vu une âme. Sous la redingote de cet homme se trouvaient deux revolvers. Elle regrettait de tout son cœur de ne pas avoir aimé Ray davantage tant qu'il était à ses côtés, et de ne pas le lui avoir fait savoir. Car il avait soudain été trop tard, il avait disparu à jamais. Cet homme qui attendait tristement sa réponse allait décliner jour après jour, et il mourrait très certainement, tout comme Ray, d'une mort bien plus terrible et sous son toit. Il ne fallait pas, lui semblait-il, répéter deux fois la même erreur. Elle craignait ce que Books incarnait, elle méprisait ce qu'il avait été, mais elle l'avait accueilli chez elle et autorisé à rester quand il l'avait informée de manière presque désinvolte de sa situation sans issue ; le moins qu'elle puisse faire au cours de ses derniers jours, c'était de tendre une main aimable et bienséante. Elle chercha une citation biblique et la trouva. "Et la principale d'entre toutes, se sermonna-t-elle, est la Charité."

— Je vous accompagnerai, dit-elle.

— Parfait.

Ce fut le premier sourire sincère qu'elle voyait sur son visage.

— Disons donc à 10 heures, déclara Books. Rien qu'une heure ou deux. Invitez votre fils. Et pourriez-vous lui demander de courir à l'écurie demain matin pour nous rapporter un attelage ?

— Oui.

— Je vous en suis très reconnaissant, dit-il.

Elle décida de mettre Gillom à l'épreuve. Elle n'avait pas été invitée par un homme depuis un an. Sa réaction révélerait peut-être quelque chose qu'elle devait savoir.

Elle lui annonça la nouvelle, mais il resta impénétrable. Il lui répondit que c'était chic. Elle n'apprit rien de lui.

Puis elle ajouta qu'il était invité, lui aussi. Son visage s'illumina comme un feu d'artifice. Il fit claquer son poing dans la paume de sa main.

— Bon sang !

— Tu rateras le passage du président.

— On s'en fout. Combien d'hommes McKinley a-t-il tués ?

— Je doute que…

— J.B. Books et nous ! Mince, m'man, tu crois qu'il va apporter ses flingues avec lui ?

— J'espère que non.

— Et s'il est repéré par un gars qui le déteste ? Et s'il y a un échange de tirs et qu'on se retrouve pris entre deux feux ? (Gillom s'accroupit, fit mine de dégainer et tira avec son doigt.) Bing ! Bang ! Bingo !

Ce que Bond Rogers découvrit sur son fils n'était pas ce à quoi elle s'était attendue.

À 10 heures, Books revêtit son veston et sa redingote – taillée sur mesure d'après le modèle Prince Albert, mais pourvue d'une coupe droite et non croisée –, il ajusta son Stetson, s'apprêta à partir mais se ravisa pour prendre une cuillerée de laudanum. Il avait convenu de laisser son coussin dans la chambre, mais avec le chahut que risquait de recevoir son arrière-train dans une carriole ou une calèche, il ne pensait pas pouvoir s'en sortir sans l'aide du médicament. Ce fut sa première dose matinale, et la fiole lui était désormais indispensable l'après-midi aussi bien que le soir.

Mme Rogers l'attendait sur le porche. Il lui prit le bras. Gillom Rogers attendait derrière un attelage, sur le siège avant d'un phaéton – pas une carriole ni une calèche, mais un phaéton – un engin noir à quatre roues aux rayons dorés, banquettes montées sur ressorts, une capote rétractable digne d'un roi, d'un président ou d'une tenancière de maison close luxueuse.

— Sacrément classe, fit remarquer Books.

— M'est avis que vous ne devriez pas utiliser n'importe quel vieux chariot, monsieur Books. Mose Tarrant a dû dépoussiérer celui-là. Il m'a dit qu'il ne le louait pas souvent, à part pour les enterrements. Grimpez, messieurs dames !

— Reste dans les ruelles de traverse, dit Books.

— Entendu, monsieur.

Books ouvrit la portière et fit asseoir sa logeuse avant de prendre place à l'arrière. Gillom empoigna les rênes et claqua la langue. L'attelage démarra d'un pas vif.

Ils prirent la direction de l'est. Les rues étaient désertes car la majeure partie de la population d'El Paso et la circulation se massaient vers la grand-place, la parade et le discours ampoulé de McKinley. Une musique de cuivre résonnait dans le silence des rues. Les roulements de tambours traînaient parmi les boutiques fermées aux volets clos. Gillom les mena vers le nord et, s'éloignant du brouhaha politique, s'engagea dans San Antonio Street puis sortit de la ville en longeant la vallée du Rio Grande.

La journée était maussade. Sous le ciel gris, sous la montagne impassible, sous un corbeau qui les accompagna un moment, le phaéton roulait dans le seul bruit du corbeau curieux, du crissement des cailloux, du craquement du harnais, du renâclement et des heurts de sabots de l'attelage lancé au trot. À cette période de l'année, le climat dans les contrées de l'Ouest texan dépendait du vent ou des caprices des éléments. Quand il soufflait du nord dans le col, comme en cet instant, une chute de neige n'était pas improbable, bien qu'éphémère, mais un vent immigrant venu du sud, du Mexique ou du Golfe, changeait la vallée en zone tropicale en l'espace d'une seule nuit, l'inondant de pluie et provoquant une crue de la rivière. Lorsque aucun de ces vents ne se manifestait, les heures étaient arides, le soleil brillait et l'air scintillait.

Sur la banquette avant, le col de sa veste remonté contre le froid, Gillom s'occupait de ses affaires. Books demanda à son invitée si elle souhaitait remonter la capote. Elle ne le souhaitait pas, merci bien. Elle était protégée par un manteau long qui lui tombait jusqu'aux chevilles, la tête et les épaules dans un châle de laine noire.

Ils avancèrent dans la poussière d'Ysleta, un ensemble de petites maisons en adobe et une église à la croix brisée. Des enfants sans âge aux yeux marron les dévisagèrent à leur passage et des chiens affamés les pourchassèrent. Puis ils se trouvèrent à nouveau sous le ciel gris, dans le silence de la longue, longue vallée. Ils passèrent entre des vignobles, les vignes flétries et nues, entre des champs desséchés de maïs et les restes hivernaux de courges, de haricots et de melons. Ils aperçurent dans le lointain un attelage de bœufs qui arpentait lourdement les confins du monde.

Books se pencha en avant et désigna une rangée de peupliers. Son cocher acquiesça, fit sortir d'un coup de rênes son attelage de la route et le dirigea à travers un champ avant de l'arrêter le long d'une *acequia* – un fossé d'irrigation. Il sauta à terre avec maladresse, attacha l'attelage et, ouvrant la portière, s'inclina très bas.

— C'est l'heure de vous dégourdir les jambes, mes amis.

Ses passagers descendirent. D'une de ses poches, le garçon sortit une bouteille d'un demi-litre qu'il tendit à Books.

— Et c'est aussi l'heure de vous graisser les amygdales, monsieur.

— Gillom Rogers ! Est-ce que c'est du whisky ? voulut savoir sa mère.

— Mince, m'man, non. C'est du lait de tigre.

Books prit la bouteille.

— Souhaitez-vous que je la lui rende ? demanda-t-il à Bond Rogers.

— Certainement pas.

Books la rangea dans une poche de sa redingote.

— Va faire un tour, fiston.

Gillom se mordit la lèvre.

— Ne m'appelez pas fiston, monsieur Books. J'ai un nom.

— Va faire un tour, Gillom.

Le jeune homme les regarda tour à tour, sourit comme s'il détenait un secret, puis les laissa et traversa le fossé.

Books prit Bond Rogers par le bras et marcha à ses côtés le long de l'*acequia*. L'eau courait, limpide, un cadeau du Rio Grande et des lois de la gravité. Les peupliers qui la surplombaient étaient immenses, séculaires, et leur feuillage avait revêtu une dorure hivernale.

— Ce qu'il lui faut, c'est un père, une remise à outils et un fouet, dit Books. Pourquoi ne pas vous remarier ?

— Comment vous sentez-vous ?

— Aussi bien que possible. Pourquoi ne pas vous remarier ?

— Cela ne vous regarde pas.

— Je n'ai pas le temps d'être poli.

— Très bien. Personne ne me l'a proposé, pour commencer. Et surtout, j'aimais mon mari et je l'aime encore.

— Pourquoi ?

— Pour d'innombrables raisons. Il était parfait avec Gillom, par exemple. Ils allaient voir des matchs de base-ball, ils allaient pêcher, assister à des corridas à Ciuadad Juárez, ils faisaient tout ensemble. Ray jouait du cornet dans le McGinty Band et Gillom était présent à chacun de ses concerts.

— Ray. De quoi est-il mort ?

— D'une crise cardiaque, c'est ce qu'ils pensent. Il n'est pas rentré à la maison pour le dîner, un soir. Ils l'ont trouvé affalé sur son bureau.

— Il a eu de la chance.

— Non. Il n'avait que quarante et un ans.

Books marchait à ses côtés, pensif, les mains derrière le dos.

— Vous a-t-il laissé beaucoup de choses ?

— Rien que la maison que nous avons fait construire. Ainsi qu'une importante dette auprès de la banque. Et Gillom, bien entendu.

— Il vous préoccupe.

— Vous l'avez remarqué, oui. C'est le cas, en effet. Il refuse d'aller à l'école et préfère traîner dans Utah Street. Aujourd'hui, c'est la première fois que je le vois avec du whisky, mais je suis certaine qu'il boit dès que l'occasion se présente. Il jure. Il a déjà volé dans mon sac. Il rentre à n'importe quelle heure et refuse de me rendre des comptes. Si son père était encore là, ce serait bien différent, mais il n'est plus là.

— Pourquoi dites-vous ça ?

— Intuition féminine. Logique masculine. Il aimait profondément Ray. À présent, il le déteste d'être mort et il me déteste d'être vivante. Il se déteste lui-même, je pense – je ne suis pas certaine de savoir exactement pourquoi. Il estime peut-être qu'il doit désormais être l'homme de la maison et il craint de ne pas être à la hauteur, aussi doit-il prouver sa virilité. (Elle s'immobilisa.) Comme je suis triste pour lui. Il en veut à Dieu, je pense. Je ne peux pas raisonner avec lui, je ne peux que me montrer maternelle à son égard, et il le refuse.

Books avait fait une pause à son tour.

— Vous pourriez lui trouver un autre père.

— Qui ? Un homme comme vous ? Pour qu'il lui apprenne à manier les armes, à assassiner et à faire la noce ? Oh, il vous respecte tout à fait – il vous voue une admiration sans bornes. Il vous cirerait les bottes si vous le lui demandiez. (Le ton de sa voix se durcit.) Oh, non merci, J.B. Books ! Ne vous avisez pas d'être son héros de roman à deux sous ! Ne vous avisez pas d'attirer le même amour et le même respect qu'il accordait à son père – jamais ! Vous n'en êtes pas digne !

Elle le dévisagea. Books afficha un air renfrogné, replaça les mains derrière son dos et reprit la promenade.

— Vous ne pouvez pas l'envoyer ailleurs ?

Elle le rattrapa.

— Dans le prochain train si je le pouvais. El Paso n'est pas un endroit pour élever un garçon, surtout quand on est seule.

J'ai une cousine dans le Massachusetts, elle vit près d'une école privée, la Milton Academy. Je donnerais n'importe quoi pour l'envoyer là-bas un an ou deux – mais pour 500 dollars, autant aller sur la lune. (Elle resserra son châle autour de ses épaules.) Changeons donc de sujet. Profitez de votre sortie, s'il vous plaît. Pourquoi vous inquiéter de nous deux ? Vous avez déjà bien assez de soucis pour vous.

Il se tourna vers un peuplier et s'y adossa confortablement, pesant de tout son poids contre le tronc. Il dit :

— Je n'ai personne d'autre pour qui m'inquiéter.

La remarque désarma Bond Rogers. Elle s'approcha de lui et s'appuya à son tour contre le tronc d'un mètre cinquante de diamètre. Ces arbres possédaient d'immenses racines rongées qui plongeaient dans l'*acequia*, y puisant en toute saison leur force et leur grandeur.

— Êtes-vous marié ? demanda-t-elle.

— Non. Je l'ai été une fois. J'avais dix-huit ans. Elle est morte en essayant de mettre au monde notre fille. L'enfant est morte aussi.

— Je suis désolée. Vous auriez dû trouver une autre épouse. La femme idéale aurait pu changer le cours de votre vie.

— J'en doute. Je suis d'une nature impulsive.

— C'est à mon tour d'être curieuse. Depuis combien de temps êtes-vous… un tueur professionnel ? Peut-être devrais-je employer le terme du journal de ce matin – il dégageait bien plus de dignité : un "tireur" ?

— Je ne me considère ni l'un ni l'autre.

— Ah non ? Eh bien, si vous n'êtes ni l'un ni l'autre, qu'êtes-vous ?

— J'ai gagné ma vie de diverses façons. J'ai spéculé sur le coton en Louisiane. J'ai acheté et revendu du bétail, une fois, près d'une tête de ligne dans le Kansas. J'ai cherché un peu d'or. J'ai fait de bonnes mises aux cartes au fil des ans, et j'ai perdu beaucoup, aussi. On peut dire que j'ai passé un sacré bon moment. Jusqu'à récemment.

— Récemment, oui. Avez-vous de la famille ?

— J'en avais, dans le comté de San Saba. Je ne sais pas où ils sont.

— Et des amis ?

— Aucun.

— Pas un seul ?

— J'ai toujours fait route en solitaire.

— Vous voulez dire que personne ne viendra vous rendre visite ? Que vous n'avez personne à qui envoyer un mot, pour dire que vous êtes…

— En voie de perdition ? Non.

— Je suis abasourdie. Je vous plains, vraiment. De n'avoir personne… c'est une tragédie, à n'en pas douter.

— Voilà Gillom.

Le jeune homme flânait dans leur direction en jetant des pierres dans le fossé.

— Vos initiales J.B., que veulent-elles dire ? demanda-t-elle hâtivement.

— John Bernard. Et quel est votre prénom ?

— Bond.

— Ravi de faire votre connaissance, Bond.

— Le plaisir est pour moi.

Il s'écarta de l'arbre pour aller à la rencontre de Gillom. À la grande surprise de Bond Rogers, elle remarqua lorsqu'ils se rejoignirent que son fils était plus grand que Books. Elle n'avait jamais regardé l'assassin de cette manière. Dans son esprit, la notoriété équivalait à la taille d'un homme. Elle aperçut soudain le revolver dans sa main.

— Tu as déjà tiré avec ça ? demanda Books à Gillom.

— Quelques fois. Je connais un gars, il s'appelle Cobb et il m'a permis d'utiliser son Colt. Il en a deux magnifiques.

— Tu veux essayer celui-ci ?

— Mince alors, et pas qu'un peu !

— Très bien. (Books tendit le bras.) Tu vois le nœud de ce tronc, là-bas ? Il est à environ vingt mètres. Tiens-toi droit, vise et tire cinq balles. Vas-y doucement. C'est une détente très sensible.

— Pourquoi pas six balles ?

— Toujours garder la première chambre vide. C'est une sécurité supplémentaire. On ne charge jamais six balles, à moins d'être certain de les utiliser.

— Oh. Et pourquoi un canon si court ?

— Pour la vitesse.

— Oh. D'accord. Ma mère va faire une crise, par contre.

Gillom prit le Remington, se tourna vers le peuplier et leva le bras pour viser.

— Il n'y a pas de viseur !

— De près, c'est inutile. Concentre-toi, maintenant. Prends ton temps. Actionne le chien et appuie doucement.

Gillom tira cinq fois, lentement, réajustant son tir après chaque coup. Les détonations furent étouffées par le feuillage et les nuages bas, et résonnèrent à l'oreille comme une seule et même syllabe, malgré l'intervalle entre chaque balle, car l'écho d'une explosion se mêlait aussitôt à l'explosion suivante. À travers le nuage de fumée et de poudre, le jeune homme se tourna, affichant une expression d'émerveillement incroyable, d'extase telle qu'il en était presque grotesque, et découvrit Books tenant un second revolver à quelques pas de lui, visant un nœud dans l'arbre voisin de sa propre cible.

L'homme tira cinq fois, avec encore plus de détermination, puis il baissa le bras.

Gillom sauta vers lui, lui rendit son arme et se précipita pour examiner les deux nœuds tandis que Books rechargeait aussitôt en piochant dans une boîte de balles.

— Mon trou n'est pas plus large que le vôtre ! Hé, bon sang, j'ai fait aussi bien que vous ! Hé, regarde, m'man, s'écria Gillom avec joie. J'ai fait aussi bien que lui ! Regarde !

Elle n'avait pas bougé, ne bougeait pas.

Books rangea les armes dans sa redingote. Il semblait se désintéresser de ses talents de tireur. Ensemble, ils s'approchèrent de Bond Rogers. Gillom se pavanait.

Quand ils arrivèrent près d'elle, ses lèvres n'étaient plus qu'une fine bande sévère.

— Pourquoi avez-vous fait ça ? demanda-t-elle à l'homme d'un ton accusateur.

— Une arme doit être utilisée régulièrement. Sinon elle s'enraye quand on en a besoin.

— Vous voulez dire que le but principal de cette promenade était de vous servir de vos revolvers ?

— C'était l'un des buts. J'en avais d'autres en tête.

— Je veux rentrer, dit-elle. Tout de suite.

— Si vous le souhaitez. Tiens.

Il tendit à Gillom sa bouteille de whisky. Gillom lui adressa un clin d'œil, sourit à sa mère et glissa le flacon dans sa veste.

Les doigts de Bond Rogers s'agitaient de frustration sur la laine de son châle. Elle marcha à grandes enjambées jusqu'au phaéton, ouvrit elle-même la portière et monta seule. Books s'installa à ses côtés. Gillom détacha l'attelage et grimpa à l'avant. Mais au lieu d'empoigner les rênes, il se redressa et s'assit face aux passagers sur la banquette avant. À l'instant même, le ciel se découvrit au-dessus d'eux, fendu par un couteau bleu clair, et derrière le plafond de nuages, le soleil brillait de telle façon que le véhicule et ses passagers se trouvèrent baignés de lumière. C'était un spectacle phénoménal.

Gillom scrutait le tireur comme un chiot regarde son maître.

— Monsieur Books, combien d'hommes avez-vous tués ?

— Gillom, tu n'as pas le droit de demander cela, le réprimanda sa mère.

Books dévisagea le curieux.

— Je ne m'en souviens pas, dit-il.

— Comment avez-vous pu en tuer autant ?

— Gillom !

— Tout le monde vit selon ses propres lois, j'imagine. Et j'ai les miennes.

— Quelles lois ?

Bond Rogers était désarçonnée. Mais elle attendit, de toute évidence aussi curieuse que son fils.

— Je refuse qu'on porte la main sur moi. Je refuse qu'on me trompe. Je ne supporte pas d'être insulté. Je n'inflige rien de tout cela à autrui. J'attends la même chose des autres.

Afin de délier sa langue, Gillom fit la grimace.

— Ce que je voulais savoir, c'est comment vous avez pu vivre autant de bagarres et en sortir toujours vainqueur. J'ai tiré aussi bien que vous.

— J'y étais obligé, répondit Books. Ce n'est pas d'être rapide, qui compte, c'est d'avoir de la volonté ou pas. C'est là toute la différence : face au mur, la plupart des hommes n'ont pas de volonté. Je m'en suis rendu compte très tôt. Avant d'appuyer sur la détente, ils cillent ou prennent une inspiration. Pas moi.

Aussi miraculeusement qu'il s'était ouvert, le ciel se referma et les trois passagers restèrent assis dans l'ombre et le froid. Le vent gémit à travers les feuilles sèches des peupliers. L'attelage piétina sur place, énervé.

— Regrettez-vous la vie que vous avez menée, monsieur Books ? demanda la femme.

Il regarda au-delà de Gillom.

— Je regrette d'avoir quitté trop tôt l'école. D'avoir gâché mes jeunes années en mauvaise compagnie. À cet âge-là, j'étais déjà trop grand dans mes culottes courtes.

— Je pensais plutôt à vos victimes.

— Madame Rogers, je n'ai jamais tué un homme bien.

— Comment le savez-vous ? Seul le Seigneur peut en juger, certainement pas les créatures faibles et mortelles que nous sommes.

Books s'adossa au cuir de la banquette. Il semblait las.

— D'après ce que j'ai pu voir, madame, le Seigneur n'a pas franchement fait son boulot comme il faut. Placez un gars au bout du canon de mon revolver et je saurai le juger aussi bien que le Seigneur.

Le soir même, il parcourut son journal. Il remarqua deux articles en particulier, le premier dans la colonne humoristique :

"La nuit dernière, quand j'ai accepté la proposition d'Harry", dit Mlle Stockson Bonds, une femme méfiante et sans attraits, "il m'a embrassée sur le front."

"Quelle idée !" s'exclame Mlle Pepprey.

"Je me demande pourquoi il ne m'a pas embrassée sur la bouche", dit Mlle Stockson Bonds. "Dieu du ciel ! Il était peut-être ivre !"

"Sans aucun doute", dit Mlle Pepprey. "Surtout s'il vous a demandée en mariage."

La promenade dans la vallée et les relations houleuses entre la mère, le fils et lui-même, aussi tendues que des câbles téléphoniques, l'avaient épuisé jusqu'à la moelle. La douleur faisait trembler le journal entre ses doigts. Il avait dû prendre deux doses de laudanum depuis leur retour et il ne pouvait plus attendre pour en prendre une autre. Il en avala une cuillerée.

Le deuxième article était une publicité :

Oui, August Flower offre la plus grande gamme de médicaments à travers le monde civilisé. Vos mères et vos grands-mères n'ont jamais envisagé d'utiliser autre chose pour soigner les Indigestions ou les Crises de Foie. Les Docteurs n'étaient pas légion et elles avaient rarement entendu parler d'Appendicite, de Prostration Nerveuse ou de Défaillance Cardiaque. Elles utilisaient August Flower pour purger le système, interrompre la fermentation de nourriture non digérée, réguler l'action du foie et stimuler les nerfs, et c'est tout ce qu'elles prenaient lorsqu'elles se sentaient éteintes ou tiraillées par des maux de tête ou autres. Quelques doses de la potion Green d'August Flower, à peine, pour vous assurer que vous ne souffrez d'aucune affection grave !

Il se déshabilla, resta en sous-vêtements, utilisa le pot de chambre, ouvrit les fenêtres, éteignit la lampe et se mit au lit, le Remington à crosse de nacre sous la couverture, le noir sous l'oreiller.

La douleur le réveilla à 1 heure. L'effet analgésique du laudanum était bien plus court, désormais. Il prit une autre cuillerée et se rendormit.

Il se réveilla encore juste après 4 heures, en proie à une nouvelle douleur violente. Comme si deux vis en acier vrillaient et s'enfonçaient centimètre après centimètre dans son bassin, latéralement, d'une hanche à l'autre et vers le haut, depuis ses parties génitales jusqu'à son nombril. Se jetant avec trop de précipitation vers la cuillère, il renversa la fiole. La pression dans sa vessie l'aurait tiré du sommeil, quoi qu'il arrive. Il sortit le pot de chambre de sous le lit, s'accroupit au-dessus et attendit le soulagement. Souvent, dans l'état actuel de sa tuyauterie, il lui fallait patienter trois à quatre minutes avant de parvenir à uriner.

Il ferma les yeux, somnolent, et se demanda s'il avait fait une erreur en permettant à Gillom Rogers de s'entraîner sur cible avec l'un de ses revolvers la veille. Venait un âge où les garçons tombaient amoureux des armes à feu bien plus facilement que des filles. Certains d'entre eux ne s'en remettaient jamais.

Il ouvrit les yeux. Ils communiquèrent à son cerveau l'impression qu'une ombre flottait sur le rideau de dentelle à la fenêtre sud. Son cerveau rejeta cette impression. Il était

4 heures du matin. La lune devait déjà descendre. Il plissa les paupières.

L'ombre bougea.

Books en fit autant.

D'un pas décidé, sans un geste inutile et sans un bruit, il déplaça le pot de chambre entre le secrétaire et le fauteuil, hors de son chemin.

Il s'agenouilla près du lit, entassa les draps et les couvertures en longueur avant de récupérer le revolver à crosse noire de sous l'oreiller.

Tandis qu'il se glissait au bas du lit et s'allongeait sur le dos, une main sur le sommier, son revolver dans l'autre, il prit conscience d'une deuxième ombre, celle-ci entre les plis du rideau de la fenêtre ouest. Ils étaient donc deux.

Il passa sous le lit – pas au centre, sous les couvertures entassées, mais sur le côté. Les doigts de sa main gauche agrippaient encore le sommier.

Les rideaux de la fenêtre sud furent écartés par la tête et les épaules d'un homme. Il hésita, laissant ses yeux s'accoutumer.

L'intrus tendit le bras et tira quatre coups dans ce qui ressemblait à une forme assoupie au milieu du lit. Il enjamba aussitôt le cadre de la fenêtre.

L'éclair d'un coup de feu s'échappa en même temps de la fenêtre ouest, puis, ayant tiré, le deuxième agresseur s'élança avec une force si incongrue qu'il arracha le rideau du mur.

Debout au pied du lit, le premier homme tira une cinquième balle, par sécurité, sur les couvertures roulées.

En ces lieux confinés, l'écho ressembla à autant de détonations supplémentaires. Le sol de la chambre sembla se soulever. Les murs tremblèrent dans un bruit de tonnerre. Six coups avaient été tirés en vingt secondes, cinq par l'homme de la fenêtre sud, un seul par celui de la fenêtre ouest. Books les avait comptés.

À l'aide de son bras gauche, il souleva le haut de son corps à découvert comme un reptile jaillissant d'une crevasse et tira deux fois sur l'homme à sa gauche, la fenêtre ouest, entendit le heurt du plomb dans la chair, puis replongea à couvert.

L'homme grogna, chancela en arrière, s'emmêla dans la dentelle et s'écrasa contre le pot de chambre au sol.

Encore penché au-dessus du lit, le premier intrus tira dans la direction de l'éclair du revolver de Books et la balle fendit un coin du secrétaire.

Se redressant aussitôt à l'autre bout du matelas, Books tira une fois dans sa direction. L'homme tituba vers le mur derrière lui et lâcha son arme déchargée.

— Ne me tue pas, Books, oh Seigneur, ne me tue pas ! hurla-t-il. Je suis touché !

Books se mit prudemment à genoux.

La scène était désormais bien éclairée. Les couvertures avaient pris feu.

À travers les flammes, Books regarda le blessé ramper vers la fenêtre sud et se hisser mollement sur ses coudes par-dessus le chambranle dans l'espoir idiot de parvenir à sauter sain et sauf hors de la maison.

— J'ai été touché au ventre, Books ! cria-t-il. Bon Dieu, m'achève pas !

Levant le Remington au-dessus des couvertures enflammées, Books visa le rectum de son ennemi.

— Tu as essayé de me tuer, dit-il d'une voix éraillée. Adieu, fils de pute d'assassin.

Il tira. Arrachant la moitié de la colonne vertébrale, explosant les vertèbres et détruisant le système nerveux de l'homme, la balle de calibre .44 propulsa le corps à mi-chemin au-dessus du chambranle de la fenêtre.

Books déposa son arme sur la moquette.

Il se retourna, tendit le bras pour empoigner le bord du pot de chambre, le souleva haut et le pencha, baignant d'urine le lit embrasé.

La porte de la chambre s'ouvrit à la volée.

La puanteur leur donna la nausée. La fumée noire de la poudre les aveugla.

Un employé des chemins de fer, un gnome en chemise de nuit, dégarni et âgé, yeux larmoyants et chevilles poilues, avança d'un pas hésitant dans la pièce avant d'allumer le plafonnier.

À la porte, l'autre cheminot, l'institutrice d'âge moyen, Bond Rogers et son fils Gillom prirent une inspiration incrédule.

J.B. Books était assis en sous-vêtements près de son lit. Il plongeait un regard vague, non pas vers eux, mais vers le mur parsemé de lis bleus et dorés.

Sous le miroir et le lavabo, tous deux maculés de sang, un homme mort était étendu sur le dos, revolver à la main, bouche ouverte, avec un fouillis de rideau déchiré pour linceul.

Une odeur nauséabonde s'élevait de la bouillie noirâtre sur le lit.

Un autre homme semblait avoir essayé de passer par la fenêtre sud pour sortir de la maison. Mais il était immobile, jambes écartées. Et de ses fesses, à travers le pantalon en denim, un flot noir s'échappait comme s'il excrétait du sang.

Se réveiller d'un sommeil du juste et tomber sur cette chambre infernale, offenser ses narines par ces relents de terreurs, de mort et de folie, donnait un avant-goût certain de l'Enfer. Les témoins à la porte restaient sur place, comme cloués au sol. Les employés du chemin de fer détournèrent la tête. L'institutrice essaya de crier, mais n'y parvenant pas, elle se mit à gémir.

— Appelez le shérif, madame Rogers, ordonna Books. Quant à vous autres, foutez-moi le camp d'ici.

Vêtue d'une robe de chambre en flanelle, elle attendit le shérif dans le salon. Gillom ne parvenait pas à rester assis. Elle avait même dû lui rappeler de mettre son pantalon. Pieds nus, il faisait les cent pas devant elle.

— Mon Dieu, dit-il.

Il passa la main dans sa tignasse ébouriffée.

— Mon Dieu !

Il fit glisser son orteil dans les franges à la base du canapé.

— Mon Dieu, m'man, t'as vu ça ? C'est comme ça que ça se passe, m'man – le vrai de vrai ! Mon Dieu, il les a eus tous les deux ! Ils ont dû entrer par les fenêtres, faire feu, et lui il est tellement rapide qu'il les a tués tous les deux ! Attends un peu, et la moitié de la ville va venir chez nous tous les jours pendant une semaine, bouche bée, le doigt pointé ! Et on sera peut-être même dans le journal ! J.B. Books dans un échange de tirs, en plein dans notre maison – on pourra s'en vanter jusqu'à la fin de nos jours !

Elle ne l'avait jamais vu aussi enthousiaste. Il avait le visage et les yeux fiévreux. Et soudain, elle détesta son fils. Sa maison, la maison dont elle et Ray avaient rêvé, pour laquelle ils avaient tant économisé, avait été profanée. Si feu son mari avait vent de tout cela, et elle n'avait aucun doute que c'était le cas, il ne pourrait, en une éternité tout entière, le lui pardonner. Et elle détestait Books. Elle avait laissé entrer un tueur chez elle, l'avait laissé acheter son indulgence, sa charité et l'adoration de son fils, contre un maigre potage de quatre dollars par jour. Elle se souvint de la journée précédente passée ensemble, Gillom aussi grand que le tireur, visant les troncs d'arbres, en compétition mais partageant un sentiment de virilité factice et dangereux. Elle frissonna encore au souvenir des détonations et des hurlements. La vipère de la vengeance se lova dans sa poitrine.

— Tu le respectes, n'est-ce pas, Gillom ?

— Pas toi ?

— Tu vénères le sol qu'il foule, n'est-ce pas ?

— Tu parles que oui !

— Tu lui portes une estime aussi haute qu'à ton père, n'est-ce pas ?

Cette remarque le prit au dépourvu.

— N'est-ce pas ?

— Je te l'ai déjà dit, m'man. Ne parle pas de…

— Il est en train de mourir, dit Bond Rogers.

— Qui ?

— J.B. Books.

— Oh.

— De causes naturelles. Il me l'a avoué l'autre jour. C'est pour cela que le docteur Hostetler est venu deux fois. Il souffre d'un cancer.

— Je ne te crois pas.

— Ce n'est qu'une question de temps… de quelques semaines, peut-être. C'est pour cela qu'il voulait faire une promenade hier. Il m'a dit que ce serait sa dernière chance de voir le monde.

— Tu mens.

— Ai-je jamais menti ?

— Il me l'aurait dit. Il m'aime beaucoup.

— Il est en train de mourir, Gillom.

Il comprit enfin. Il la crut enfin. Elle aurait préféré se couper la langue, car la réaction de son fils fut aussi saisissante et terrifiante qu'un coup de feu dans la nuit.

Gillom lui tourna le dos. Quelque chose en lui s'était brisé. Il tomba maladroitement à genoux et enfonça son visage dans l'assise d'un fauteuil. Il sanglotait. Il mouillait de ses larmes le velours du fauteuil, un siège rembourré qu'elle affectionnait particulièrement. Ses mains déchiraient le tissu de protection des accoudoirs. Il pleurait avec autant de désespoir que lors d'une autre occasion endeuillée.

Elle avait voulu le blesser, sa propre chair, et s'infliger à elle-même une blessure – mais pas si profonde. Elle l'avait détesté l'espace d'un instant, et elle avait détesté Books. Gillom allait la haïr à présent, et il haïrait Books aussi, et il obtiendrait vengeance un jour ou l'autre. Si l'homme de la chambre du fond avait arraché deux vies, cette nuit-là, elle était coupable d'un péché presque aussi grave. On lui avait confié le secret d'une mort certaine, mais au lieu de le garder, elle l'avait utilisé comme une arme et, sous le coup de l'impulsion, elle s'en était servie pour arracher tout espoir à un jeune garçon de dix-sept ans. Sur l'ardoise de son avenir, elle en avait désormais conscience, Gillom avait commencé à dessiner à la craie une nouvelle image, et d'un seul geste cruel, elle avait tout effacé.

Par une aube glaciale, dans une maison glaciale, Bond Rogers s'assit et, à travers ses propres larmes, regarda son fils pleurer la perte de deux pères en moins de deux ans.

— Qui étaient ces hommes ?

— Ben Shoup, celui à qui vous en avez tiré une dans le cul.

— Shoup.

— L'autre s'appelait Norton. Deux bons-à-rien, pas du coin. Vous les connaissiez ?

— Shoup, son nom me dit quelque chose, de l'époque où j'étais enfant dans le comté de San Saba. J'avais de la famille là-bas.

— Eh bien, ils vous connaissaient, eux. Et je savais qu'on allait avoir droit à un truc dans ce genre, aussi sûr qu'on doit faire un jour face à la mort et aux impôts. (Thibido sirota sa tasse de café.) Ils sont entrés par les fenêtres, pas vrai ? Comment vous en êtes-vous sorti ?

— J'étais en train de pisser. Je suis resté sous le lit le temps de savoir précisément où ils étaient, puis je suis sorti en tirant.

— Aussi facilement que ça, deux croix supplémentaires.

Le shérif jeta un regard au miroir et au lavabo maculés de sang et au ruisselet de sang séché dans la moquette sous la fenêtre sud. Il hocha la tête d'un air de dégoût.

— Ils ont dû apprendre que j'allais rendre les armes pour de bon. Ils ont dû se dire que je serais incapable de me défendre.

— Ils ont appris la nouvelle.

Books le dévisagea.

— Seules trois personnes étaient au courant – Doc Hostetler, ma logeuse et vous. Comment croyez-vous que la nouvelle s'est mise à circuler ?

— Ça ne vient pas de moi, s'empressa de répliquer Thibido. Dans ma profession, on apprend à ouvrir les yeux et à fermer sa bouche.

— Dans ma profession aussi, dit Books.

Ils burent le café que Mme Rogers leur avait apporté. Il était 6 heures. Plusieurs adjoints de Thibido étaient arrivés avec lui et avaient emporté les cadavres. La logeuse avait défait le lit, puis elle avait emporté les draps et les couvertures dans le jardin, où elle les avait brûlés, mais la puanteur flottait encore dans la chambre.

— Putains d'idiots, commenta Thibido.

— Qui ça ?

— Shoup et Norton. Tout ce qu'ils avaient à faire, c'était d'attendre tranquillement qu'on vous mette en boîte et ce seraient eux qui riraient les derniers. Combien de temps, Books ?

— Je ne sais pas.

— Que dit le doc ?

— Il ne dit rien.

Thibido sourit.

— Comment vous sentez-vous ? Un peu plus mal chaque jour ?

— C'est vraiment désagréable de votre part, bon sang.

— C'était vraiment désagréable de votre part de venir à El Paso pour passer l'arme à gauche, bon sang. (Walter Thibido se balança sur sa chaise et prit ses aises.) Je porte la responsabilité de ce bazar. J'aurais dû donner un insigne à quelques bons gars, vous attacher par les jambes sous un *burro* et vous faire dégager de la ville le jour même où vous êtes arrivé – mais je ne l'ai pas fait. Je me suis laissé attendrir, j'ai convaincu Mme Rogers de vous autoriser à rester, je lui ai garanti que vous ne seriez pas longtemps parmi nous. Je suis désolé pour elle. Bon, ce que je vais faire, c'est poster un homme devant la maison pendant la nuit. Cela coûtera trois dollars par jour à la ville. Et 10 dollars par tête pour planter Shoup et Norton en terre, tirés de la poche du contribuable. La mort et les impôts, Books – je viens de vous le dire. Vous maintenir en vie assez longtemps pour vous laisser mourir de causes naturelles nous coûte assez cher.

— Je n'ai pas besoin d'un homme devant la maison.

— Ah non ? Peut-être pas vous, mais moi, si. Des événements comme ceux de la nuit passée me donnent une mauvaise image. Bon sang, il y a déjà une foule de badauds devant la porte sur Overland Street, pointant le doigt, la bouche ouverte. Peut-être que la mairie pourrait faire payer l'entrée et se rembourser ainsi de tous ces frais.

Son trait d'humour lui plut. Il continua :

— On installera un panneau : "Venez voir le célèbre tueur, 10 cents ! 10 cents supplémentaires pour le voir dégainer !"

— Il y a trois minutes à peine, commenta Books, vous m'avez dit que dans votre profession, vous aviez appris à fermer votre bouche.

Le shérif se raidit, mais cette fois-ci, il parvint à se ressaisir plus aisément que lors de sa première visite. Cette première avait été l'occasion de sortir le grand jeu ; il ne s'était jamais retrouvé face à face avec un homme pareil à J.B. Books ; il était venu, prêt à donner sa vie pour le respect de la loi, si nécessaire. À présent, il s'adressait avec condescendance à un invalide, un homme qui avait déjà un pied, et même une jambe dans la tombe, l'autre jambe ne tarderait pas à suivre, et il pouvait se permettre d'être détendu. Il savait où se trouvaient les Remington et il avait l'avantage de la rapidité et de la proximité. Il se leva, posa sa tasse et sa sous-tasse sur le chiffonnier, se rassit et croisa les jambes.

— Je vais dire ce que je pense, Books. Et je vais poster un homme devant la maison dès ce soir. Nous n'allons pas changer la maison d'une femme respectable en stand de tir. Shoup et Norton ne sont peut-être plus en travers de votre chemin, mais cette ville est pleine de gros durs qui vendraient leur âme pour inscrire votre nom à leur tableau de chasse. Je vais m'assurer que ça n'arrive pas.

Books fut intéressé.

— Qui donc ?

— Jack Pulford, pour commencer. Il est croupier à la table de pharaon du Keating's.

— Des joueurs. Tout en bluff, rien dans le pantalon.

— Pas lui. Le meilleur tireur que j'aie jamais vu, d'un calme olympien. Il y a deux ans, il a tiré rien qu'une fois, sous les coups de feu, en plein dans le cœur, et ils ont mesuré. Vingt-cinq mètres. En plein dans le cœur.

— Qui d'autre ?

— Oh, un Mexicain qui s'appelle Serrano. *El Tuerto*, qu'on le surnomme. Le Loucheur. Il fait traverser le fleuve à un troupeau de bétail, il le vend de notre côté, et il le fait repasser de l'autre côté et le vend au même proprio à qui il l'a volé. Un vrai coupeur de gorge. Je ne m'aviserais jamais de lui tourner le dos, même à l'église.

— Qui d'autre ?

Thibido se frotta le menton.

— Eh bien, j'ai un môme au trou, en ce moment même – Jay Cobb. Son père est propriétaire d'une laiterie. Cobb n'a qu'une vingtaine d'années, mais je le pendrai avant qu'il en ait trente, moi ou quelqu'un d'autre. Un fou des armes – il joue avec un revolver depuis qu'il est assez grand pour le soulever. Je l'ai collé en taule trente jours pour agression : il a brisé la mâchoire d'un vendeur ambulant avec la crosse de son arme. Oh, c'est un petit sauvage. Un peu comme vous à cet âge, j'imagine.

— Qui d'autre ?

— C'est déjà bien suffisant. N'importe lequel de ces trois-là se ferait un honneur de vous descendre. Et s'il vous prend l'envie de les mettre en terre, de nettoyer cette ville – je vous compte dans le lot –, la mairie paiera vos balles et quatre veillées funèbres de première classe. Qu'est-ce que vous en dites, Books ? Faites une bonne action, au moins une fois dans votre vie.

Books scruta un de ses ongles.

— Les gars comme nous, Thibido, on finirait par vous manquer.

— Me manquer ? Bien sûr, oui, comme les hémorroïdes vous manquent. Je me suis déjà pris le bec avec Serrano et Cobb, dit-il d'un ton devenu grave. Pulford tuera quelqu'un, un de ces jours. Ils ont tous besoin de tuer, et vous aussi. (Il le montra du doigt.) Ça doit faire longtemps que vous n'avez pas regardé un calendrier, Books. On est en 1901. Les jours anciens sont morts et enterrés et vous ne le savez même pas. Vous pensez que cette ville est juste un endroit comme les autres où faire régner une terreur de tous les enfers. Un enfer, c'en est un. Bien sûr qu'on a encore des saloons, des filles et des tables de jeu, mais on a aussi l'eau courante, le gaz, l'électricité et une salle d'opéra, on aura un tramway électrique d'ici l'année prochaine et on parle même de paver les rues. On a tué le dernier crotale dans El Paso Street il y a deux ans, dans un terrain vague. La First National Bank s'est installée ici. On a eu la visite du président des États-Unis hier sur la grand-place. Bon sang, on peut même se faire livrer de la glace jusque sur le pas de sa porte ! Oh, il va encore falloir qu'on arrache des mauvaises herbes, mais une fois qu'on se sera débarrassés des Pulford, des Cobb et des Serrano, on aura un putain de Jardin d'Éden. (La satisfaction du shérif était presque palpable.) Ce qui nous laisse avec vous, J.B. Books. Où est votre place dans cette marche du progrès ? Nulle part. Votre place est au musée. Pour être plus précis, Books, vous appartenez à une autre époque, complètement révolue.

— Pour être précis ? dit Books en posant sa tasse et sa sous-tasse sur le secrétaire éraflé. Vous ne pourriez même pas être précis en visant un tonneau. Vous êtes le connard le plus maladroit et verbeux qu'il m'ait jamais été donné d'écouter.

Thibido se hérissa.

— Ah bon ? Eh bien, je suis peut-être verbeux, mais je ne suis pas contrariant ! Quand mon heure viendra de mourir, je le ferai et je ne m'éterniserai pas ! Pourquoi n'en faites-vous pas autant ?

Books sourit.

— Je reste dans les parages pour vous. Quand je ne serai plus là, comment gagnerez-vous votre salaire ? À vérifier les verrous des portes ? À retrouver les chats des vieilles dames ? Vous avez besoin de moi, Thibido. Un homme comme moi, ça vous permet de rester sur vos gardes. Quand je tirerai ma révérence, vous serez à la retraite.

— Conneries !

Books retrouva son sérieux. Il était fatigué. Il détourna les yeux et regarda par la fenêtre, les rayons de soleil d'un jour nouveau.

— Vous feriez mieux de cogiter quelque chose. Quand je mourrai, une part de vous-même mourra avec moi. Peut-être la meilleure part.

Le shérif Walter Thibido sauta sur ses pieds.

— J'en ai assez entendu ! lâcha-t-il d'une voix rauque. Vous tuez deux hommes avant le petit déjeuner et vous effrayez des citoyens respectueux de la loi – je ne recevrai aucune leçon de catéchisme d'un moins-que-rien comme vous ! Trois dollars la nuit pour surveiller un pistolero en toc qui va bientôt mourir, quoi qu'il arrive – vous n'en valez pas la peine, Books ! Toute votre vie minable ne vaut même pas trois cents !

Enflammé par son discours, il posa la main sur la crosse de son Colt ordinaire.

— Au diable la compassion. Je ferais mieux de vous achever tout de suite, menaça-t-il.

D'un geste délibéré, Books se redressa en se hissant de ses deux bras sur les accoudoirs du fauteuil en cuir. Comme s'il était seul dans la chambre, il se dirigea vers le placard, en tira le rideau et s'appuya au mur. Il se tourna vers le shérif, une main reposant sur le chambranle près de l'endroit où pendaient son gilet et sa redingote.

— Vous n'êtes plus le bienvenu, Thibido, dit-il. Dégagez d'ici.

— Ne me donnez pas d'ordres, monsieur l'Assassin.

Le shérif retira cependant la main de la crosse de son arme.

— Je partirai quand j'y serai disposé. Quant à vous, vous partirez quand il le faudra. Mais faites vite. Dépêchez-vous. Mourez aussi vite que possible, bon sang. Ce sera une véritable bénédiction.

— Vous voulez revoir mes deux amis ? demanda Books.

Walter Thibido recula vers la porte.

— Je n'ai plus peur de vous, Books. Vous m'avez peut-être eu la dernière fois, mais plus maintenant. Pas dans l'état où vous êtes. Alors n'essayez pas de jouer avec moi. Je n'ai plus peur.

— Shoup et Norton n'avaient pas peur, eux non plus.

La discussion était allée trop loin. Thibido en avait conscience, mais il ne savait pas comment s'en sortir avec élégance.

— Vous n'abattriez pas froidement un représentant de la loi, déclara-t-il sans grande assurance.

— Ah non ? Et qu'est-ce qui pourrait bien m'en empêcher, nom de Dieu ? La peur de la pendaison ?

Bond Rogers raccommoda les impacts de balles dans le matelas, refit le lit, lava le miroir et le lavabo. Elle ne parla pas à Books, il ne lui parla pas. Lorsqu'elle fut à quatre pattes, frottant le sang séché sur la moquette Wilton sous la fenêtre sud, à cet instant seulement, il consentit à remarquer sa présence.

— Thibido dit qu'il y a foule devant la maison.

— C'est vrai.

Il ajusta le coussin écarlate sous lui.

— Je tiens à m'excuser une fois encore. Je vous assure que je suis désolé. Ils s'appelaient Shoup et Norton. Je n'avais jamais entendu parler d'eux, je ne les avais jamais vus avant, pas à ma connaissance du moins.

— Mais ils sont morts.

Il leva son journal et fit mine de reprendre sa lecture. Elle continua à frotter. Il abaissa le journal.

— Il n'y a pas si longtemps, vous m'avez dit que j'étais un individu brutal et tristement célèbre, dépourvu de décence et de bonnes manières. Si cela peut vous satisfaire, je dirai Amen à cette remarque. Mais laissez-moi vous rappeler qu'ils sont entrés ici pour me tuer. Je n'avais absolument rien contre eux, bon sang.

Elle ne répondit pas. Il leva son journal et, au bout d'une minute, le rabaissa encore.

— Je n'ai fait que me défendre, rien d'autre. Comme l'aurait fait n'importe quel homme digne de ce nom.

— Mes pensionnaires sont partis, dit-elle. À la première heure, ce matin. À présent, je n'ai plus aucun revenu, à part vous. À cause de vous, je suis dépendante d'un homme mourant et de ses revolvers. J'ai déjà perdu mon fils. Et voilà qu'il est fort probable que je perde ma maison.

Il réfléchit.

— Nous sommes tous les deux dans une mauvaise situation, admit-il en fronçant les sourcils. Je vais me faire pardonner, madame. Je le jure sur une pile entière de bibles.

Il attendit, mais elle refusa de parler. Lorsqu'elle eut terminé, elle ramassa son seau et scruta la moquette.

— Est-ce que la pension équestre a un téléphone ? demanda-t-il.

— Je crois, oui.

— Pourriez-vous les appeler pour moi ? Tarrant, c'est le nom du gars. Dites-lui de venir ici. Je veux le voir. Aujourd'hui.

— Je m'appelle Books. À combien s'élève la somme que je dois à votre établissement ?

Moses Tarrant ne parvenait qu'à le dévisager.

— Combien je vous dois ?

— Sept dollars cinquante pour le cheval. Jusqu'à maintenant.

— Et combien pour la location du phaéton ?

— Dix dollars.

— Dix dollars !

— En comptant l'attelage.

— Encore heureux. Nous disons donc dix-sept dollars cinquante. Très bien, je veux vendre mon cheval.

Moses Tarrant souffrait d'un rhume. À chacune de ses inspirations, il reniflait. Il sortit de sa poche un mouchoir humide et sale, le déplia pour trouver un coin encore inutilisé, en repéra un, appliqua le mouchoir sur son nez, se moucha à grand bruit, examina l'endroit pour voir ce qu'il y avait déposé, replia le mouchoir et le rangea dans sa poche.

— Monsieur Books, vous me roulez dans la farine.

— Pas du tout.

— Vous l'avez déjà vendu, votre cheval.

— Bon sang, mais non.

— Mais si. Ce matin même. Le garçon de Mme Rogers, comment il s'appelle, déjà ? Il est venu et m'a dit que vous vouliez le vendre. Je lui en ai donné 100 dollars.

Books se hissa hors du fauteuil.

— Mais pourquoi vous avez fait ça, nom de Dieu ? Ce n'est pas son cheval, c'est le mien !

— Il me l'a demandé ! Tout comme il m'avait demandé le phaéton ! Il m'a dit que vous lui aviez dit…

— Tarrant, vous venez de perdre 100 dollars.

Moses Tarrant ne comprit pas immédiatement le sens de sa remarque. Lorsqu'il y parvint enfin, une expression tragique et bien trop réelle pour être feinte s'afficha sur ses traits. Il essayait peut-être d'estimer l'étendue de ses pertes en calculant combien de bières à cinq cents il aurait pu se payer avec 100 dollars. Il fut secoué d'une quinte de toux. D'un air désespéré, il scruta la moquette et les coins de la pièce en quête d'un endroit où cracher et, n'en trouvant aucun, il ressortit son mouchoir et s'en servit à cette fin.

— Mais il m'a dit, ce gamin…

— Je me fous bien de ce qu'il vous a dit. C'est mon animal, pas le sien. Vous voulez toujours l'acheter ?

— Peut-être bien que oui.

— C'est bien ce que je pensais. J'en demanderai 200 dollars supplémentaires.

— Deux cents dollars ! s'écria Tarrant. Mais il a une fistule !

— Bien sûr que oui. Et vous auriez déjà dû le soigner – vous savez comment faire. Cautériser la plaie et la laisser à l'air libre le temps de la cicatrisation. Mis à part ça, il est en très bon état.

— Je peux monter jusqu'à 100 dollars.

Books dévisagea le propriétaire.

— Espèce de sac de morve radin. Vous savez très bien que vous le vendrez beaucoup plus cher parce qu'il appartenait à John Bernard Books. Deux cents dollars, et je vous laisse ma selle avec. En liquide.

— Cent cinquante ?

— Deux cents. Vous tenez vraiment à discuter avec moi ?

— Et l'argent que vous me devez ?

— Comptez-le en plus.

— Ça fait un cheval à 317,50 dollars ! Je roule pas sur l'or !

Books l'observa. Pour éviter son regard, le propriétaire utilisa son mouchoir à défaut d'autre chose. Il renifla et se moucha. Il toussa et cracha. Mais lorsqu'il eut fini, lorsque ses problèmes respiratoires eurent été temporairement résolus, ses problèmes financiers demeurèrent et il était toujours le centre d'attention de Books.

— C'est du vol à main armée, insista-t-il.

— Pareil pour vous, quand vous l'avez volé à un môme pour 100 dollars à peine.

Tarrant dut se rendre à l'évidence. Il plongea la main dans sa poche et en sortit un long portefeuille en cuir bombé surmonté d'un fermoir métallique dans lequel il piocha un rouleau de billets. Se léchant le pouce, il y préleva 200 dollars.

Books manipula les billets avec précaution, par leurs coins, et les étala sur le secrétaire pour les laisser se désinfecter.

— Prenez soin de ce cheval, nom de Dieu.

— Du vol à main armée.

— Et en sortant, demandez à Mme Rogers et à son fils de venir dans ma chambre.

Quand ils firent leur apparition quelques minutes plus tard, Books se tenait derrière le fauteuil, bras croisés devant le torse, maîtrisant sa fureur.

— Mon garçon, dit-il sans préambule. Tu as vendu mon cheval à Tarrant ce matin. Tu as gardé l'argent.

— Gillom ! haleta sa mère. Dis-moi que c'est faux !

— Allez, parle, ordonna Books.

— Et si c'était le cas ? Est-ce que vous comptiez le monter encore longtemps ?

— C'est du vol, ou ça s'y apparente. Tu en as tiré 100 dollars. Où sont-ils ?

Gillom mordit sa lèvre d'un air renfrogné.

— Je ne sais pas quoi dire, implora Bond Rogers. Gillom, tu me fais honte. Je ne peux pas…

— Restez en dehors de ça, l'interrompit Books. Très bien, fiston, montre-moi l'argent ou je te retourne la tête en bas.

Gillom sortit et déplia deux billets de 50 dollars.

— Donne-les à ta mère.

— Mais ils sont à vous, protesta-t-elle.

— Ils vous rembourseront les draps, dit Books. Et une partie de tous ces dérangements. Prenez-les.

Avec un sourire moqueur et une petite révérence, Gillom les déposa dans la main de sa mère.

— À présent, si vous pouviez nous laisser seuls, madame. Je voudrais lui dire deux mots.

C'était un ordre. Elle s'apprêta à émettre un commentaire au sujet de ses prérogatives, mais se ravisa devant les hommes et les laissa, fermant la porte sur eux.

— Très bien, fiston, dit Books. Je veux des explications.

— Je vous ai déjà dit, je m'appelle Gillom.

— Tu t'appelles Voleur, voilà ce que j'en dis. Et tu ferais bien de t'en expliquer à quelqu'un.

— Je suis pas obligé. Vous avez récupéré votre argent.

Derrière le fauteuil, Books se déplaça.

— Je commençais vraiment à t'apprécier, tu sais. Mais tu me rends les choses bien difficiles. Plus j'en apprends à ton sujet et moins j'approuve tes manières. Je te surprends à m'espionner. Tu abandonnes l'école pour faire ton malin dans Utah Street. Et maintenant ça, tu vends mon cheval dans mon dos. À la manière dont je vois les choses, tu causes bien du chagrin à ta mère.

— Vous aussi.

Ils étaient menton contre menton. Comme deux peupliers, mais le fossé qui les séparait était profond et l'eau qui y coulait était trouble.

— Que comptais-tu faire avec l'argent ? demanda Books.

— Je comptais ficher le camp d'ici.

— Pour faire quoi ?

— Acheter un revolver et des beaux vêtements. Tuer quelques piliers de bar et me faire une réputation.

— N'essaie pas de jouer au plus malin avec moi, l'avertit Books.

— N'essayez pas de m'intimider.

— Si cette maison avait une remise, il s'y passerait quelque chose dont tu ne te remettrais pas avant la saint-glinglin.

— Ouais, eh bien y a pas de remise. Et vous êtes pas mon père.

— Non, Dieu merci.

— Même si vous aimeriez bien vous retrouver au lit avec ma mère.

Books le gifla.

Gillom se rua sur lui, mû à demi par la colère et à demi par la peur, passant un bras autour du cou de l'homme, l'autre autour de sa taille. Ils luttèrent. Et soudain, à son grand étonnement, et presque à sa consternation, le garçon se découvrit plus fort. Ils s'effondrèrent contre le chiffonnier. Gillom s'y agrippa et, alors que l'homme semblait céder et tomber, il le poussa en arrière sur le lit.

J.B. Books resta étendu sur le dos, le souffle court, levant son avant-bras pour dissimuler son visage et sa vulnérabilité. Gillom Rogers se pencha au-dessus de lui, triomphant.

— Mais j'ai appris beaucoup de choses, pas vrai ? exulta-t-il. Je manie les revolvers aussi bien que vous. Et vous êtes pas bien doué pour vous battre, plus maintenant en tout cas. Alors oubliez pas, monsieur le Vantard – j'ai désormais mes propres règles, tout comme vous, et je vis selon elles. Je refuse moi aussi qu'on lève la main sur moi ou qu'on me méprise. Et je ne me laisserai plus jamais traiter comme un gamin, plus jamais.

Books grogna.

— Espèce de petit salopard de fouineur.

Gillom émit un rire discret.

— Ha. Espèce de vieux fils de pute moribond.

À plusieurs kilomètres à l'est d'El Paso, les méandres du Rio Grande s'étaient divisés en deux bras, et entre ces bras s'était formée une île. Constituée d'environ huit hectares de sable et de buissons, elle était peuplée de serpents et d'insectes, de bétail bilingue qui faisait des allers-retours réguliers entre le Texas et le Mexique, et d'humains appartenant à deux catégories peu recommandables : ceux qui portaient un intérêt commercial au transit du bétail, et ceux qui s'inquiétaient davantage de leur propre transit entre les prisons d'un pays et les grands espaces d'un autre.

Six hommes de cette première catégorie s'adonnaient ce matin-là à un divertissement connu sous le nom de "l'Écartèlement". Deux d'entre eux étaient propriétaires de bétail, plus âgés, plus malins et bien plus brutaux que leurs employés, quatre cow-boys. Après l'avoir soulagé de son revolver et de deux couteaux, les six hommes en avaient jeté un septième à terre, sur le dos, et le plaquant au sol, ils lui avaient retiré sa chemise et ses bottes. À ses poignets et à ses chevilles, ils avaient attaché une corde et, faisant approcher quatre de leurs chevaux, ils avaient solidement noué les autres extrémités au pommeau de leurs selles. Les deux propriétaires étaient restés assis sur la victime, et les cow-boys avaient enfourché leurs montures et claqué la langue pour les éloigner lentement de l'homme, tendant les cordes. Les filins étaient raides. Les chevaux avaient avancé, pas à pas, jusqu'à ce que les bras et les jambes de la victime soient étirés au maximum. Les deux propriétaires s'étaient relevés. Un autre pas des bêtes obéissantes, puis un autre, et l'homme qui se débattait avait été soulevé de terre, de plus en plus haut, pas à pas. Les chevaux avaient fait halte. Le malheureux captif était désormais suspendu à un mètre cinquante au-dessus du sol, ses articulations étirées à la limite de la tolérance physique par les cordes et le poids des quatre montures. Imaginons à présent que les quatre cow-boys aient frappé le garrot de leur cheval d'un coup de chapeau, les catapultant au grand galop. Les cordes étaient bien assez solides pour maintenir un bouvillon.

Les bras et les jambes se seraient alors déchaussés de leurs cavités et les membres auraient été arrachés au reste du corps – un démembrement complet. Mais les cow-boys avaient mis pied à terre et, d'un pas nonchalant, le sourire aux lèvres, ils étaient revenus s'accroupir près de leurs employeurs pour partager une bouteille et boire à la santé de leur savoir-faire.

Pendant ce temps, l'objet de "l'Écartèlement" restait suspendu en l'air. D'une bonne trentaine d'années, c'était un homme puissant à moustache, mais également un homme d'une laideur unique. Il arborait une cicatrice sur une joue et un de ses yeux marron, le gauche, louchait ; il partait vers l'extérieur et, si sa vue n'en était pas affectée, il semblait néanmoins capable de regarder deux choses différentes en même temps, dans deux directions opposées. Cela lui conférait un avantage certain, car il pouvait ainsi se concentrer simultanément sur ses affaires criminelles au nord et au sud de la frontière. Il y était connu des deux côtés pour ses exploits. Au nord, disait-on, il avait assassiné au couteau ; au sud, il avait purgé une peine pour le viol et l'étranglement, sous l'emprise de l'alcool, d'une fillette de neuf ans. On le surnommait parfois *El Tuerto*, ou Le Loucheur.

En cet instant, il était en pleine conversation avec les deux propriétaires. Il avait échoué à livrer un certain nombre de têtes de bétail à la date convenue – un bétail qui n'appartenait ni à l'homme, ni aux autres. Pire encore, ils lui avaient avancé une somme considérable. Les deux propriétaires n'avaient pas hésité à le lui rappeler, et à lui rappeler aussi qu'il leur suffisait d'un seul mot pour envoyer les chevaux au galop et qu'il se retrouve, lui ou des parties de son corps, éparpillé aux quatre coins de la vallée.

L'homme suppliait qu'on lui laisse la vie sauve. Il était l'unique soutien, affirma-t-il, d'une femme et de dix petits *niños*. Ses enfants risquaient de mourir de faim, sa femme finirait sur le trottoir et il implorait Dieu, la Vierge et la générosité des *Americanos* qu'on l'épargne. Il suppliait à tue-tête. La sueur ruisselait sur son torse. Du sang coagulait sous les cordes à ses poignets et à ses chevilles. Les chevaux restaient immobiles, écartant les insectes à coups de queue.

Les cow-boys riaient et se passaient la bouteille. Les deux propriétaires débattaient du sort d'*El Tuerto*. L'un d'eux avait sa petite idée.

— Books est à El Paso. Dans une pension de famille. Y paraît qu'il est en train de clamser.

— J'en ai entendu parler, dit l'autre. Il a tué deux rôdeurs qui essayaient de le descendre.

— Serrano, on dit qu'il est bon tireur.

— Peut-être bien. Mais Books est terré, il sortira pas.

— Tu parles qu'il sortira pas. Il va pas crever au lit. Un de ces jours, il va sortir pour prendre le soleil et faire un dernier spectacle. Ce sera notre occasion.

Ils réfléchirent encore.

— Un ours contre un bulldog.

— Tu as peut-être raison.

— Tu veux tenter le coup ?

— On ferait bien, ouais. Ça pourrait être marrant.

Ils récupérèrent la bouteille et, se levant, ils approchèrent tranquillement de l'homme écartelé, en compagnie des quatre autres. Son corps frissonnait. Quelques minutes supplémentaires en proie à une telle tension de son squelette et il sombrerait dans la folie.

Ils lui firent une proposition. Ils avaient prévu de le tuer là, mais ils acceptaient de lui donner une dernière chance. Il irait à El Paso et attendrait que J.B. Books sorte de son trou. Et quand l'homme se montrerait enfin, *El Tuerto* le trouverait et l'abattrait.

El Tuerto bafouilla un refus.

Ils réitérèrent leur offre : qu'il accepte de se battre contre Books, ou ils lanceraient les chevaux au galop. S'il tuait Books, ils annuleraient sa dette. Si Books le tuait, ce qui paraissait plus probable, tout le monde était quitte.

Serrano continua à rechigner.

L'un des propriétaires mit sa main en coupe, inclina la bouteille au-dessus et versa quelques gouttes de whisky dans l'œil strabique du voleur de bétail. Il hurla.

Les propriétaires sourirent.

— Sans vouloir paraître arrogant, monsieur Books, je suis le meilleur photographe du coin, dit M. Skelly. J'ai photographié les plus célèbres habitants d'El Paso – hommes et femmes. Ce serait un plaisir – et un honneur – d'effectuer un portrait en pied de vous – sur le plus beau papier solio. Gratuitement.

— Pourquoi ?

— Pourquoi ? Parce que vous êtes une célébrité, monsieur. En comptant M. McKinley – que j'ai photographié, d'ailleurs –, vous êtes l'un des plus célèbres visiteurs en cette modeste ville depuis des années. Cela conférera à mon studio un certain, comment dire, un certain prestige. Je demande habituellement quatre dollars pour une douzaine de portraits. Vous en aurez une douzaine avec mes compliments.

Books le dévisagea.

— Vous pourrez les envoyer à vos amis et à votre famille – un souvenir à chérir.

M. Skelly se félicitait de ses talents de vendeur.

— C'est à cette période qu'un homme doit être photographié, monsieur – lorsqu'il est dans la force de l'âge, dans l'épanouissement de sa virilité. Nous laissons trop souvent passer le temps jusqu'à ce qu'il soit trop…

— Très bien, consentit Books.

Skelly frappa dans ses mains.

— Parfait ! Parfait ! Si vous voulez bien enfiler votre redingote, s'il vous plaît, je vais chercher mon appareil et mon équipement. Il est juste sur le porche – ça ne prendra qu'une minute à peine, monsieur.

Au retour du photographe, Books attendait près du lit, vêtu de son gilet et de sa redingote. Skelly posa son matériel et installa l'appareil sur son trépied.

— L'équipement dernier cri, le plus moderne, je vous l'assure, monsieur Books. Un appareil Conley 8x10 avec un objectif rectilinéaire de 300 mm – le meilleur appareil qu'on puisse acheter. Voyons voir.

Il inspecta la pièce et choisit l'espace dégagé entre le chiffonnier et la fenêtre sud, faisant poser son sujet devant le mur de fleurs de lis. Il positionna ensuite son appareil, tourna la roue dentée à la base afin de relever la chambre en bois d'érable rouge à la hauteur voulue et actionna une deuxième roue pour écarter les soufflets. Son voile de mise au point était découpé dans la feutrine verte d'un drap de billard. Il en recouvrit l'appareil, sa tête et ses épaules, se pencha derrière le verre dépoli et ajusta les soufflets pour corriger la mise au point.

— Voilà. Voilà. Je vous ai parfaitement, monsieur Books.

De sa mallette, il sortit une plaque qu'il inséra dans l'appareil, ainsi qu'une variété d'objets – un plateau en fer, une poignée en bois, une petite fiole d'alcool fermée surmontée d'une mèche, un tuyau en cuivre de soixante millimètres de diamètre et une boîte de poudre de magnésium. Vissant la poignée en bois sous le plateau, il y versa une cuillère de poudre, plaça la fiole d'alcool sur son support derrière le plateau et y attacha le tuyau afin qu'une extrémité débouche directement sur la mèche de la fiole.

— Mais qu'est-ce que c'est que ce machin ? demanda Books.

— Eh bien, c'est mon flash, monsieur. C'est une invention récente. Il n'y a jamais assez de lumière à l'intérieur, alors on produit la nôtre. Autre chose, cette poudre produit un éclat puissant et bref, d'à peine un vingt-cinquième de seconde. Ça file une sacrée frousse à certains de mes clients – ils sursautent, ils clignent des yeux et ils gâchent tout. Êtes-vous certain de pouvoir rester immobile quand le système se déclenchera ? Quand vous serez sous un feu nourri ? Simple plaisanterie de photographe.

— Certain.

— Si vous ne l'êtes pas, j'ai un appui-tête dehors. Il est placé hors de vue derrière vous et vous serre la tête comme un étau.

— Je suis certain, je vous l'ai dit.

— Très bien. Et une dernière chose, monsieur Books. Tenez-vous bien droit, s'il vous plaît. Et sans vouloir vous offenser, mettez vos mains dans les poches de votre pantalon, je vous prie – afin d'écarter les pans de votre redingote.

— Pourquoi ?

— Eh bien, monsieur, il paraît que vous portez vos armes d'une manière des plus inhabituelles. Si je pouvais en avoir ne serait-ce qu'un aperçu, rien qu'un coup d'œil, voyez-vous, de vos crosses, cela ajouterait – comment dire ? – un certain style à votre portrait.

Books fit la grimace, mais il plongea les mains dans ses poches, redressa les épaules, et Skelly repassa sous son voile de mise au point.

— Les voilà ! Parfait, monsieur ! Allons-y, ma foi !

Il plia le drap vert, le rangea dans sa mallette, tira sur la plaquette et gratta une allumette sur l'arrière de son pantalon avant d'allumer la mèche au sommet de la fiole. De la main gauche, il empoigna la poire, de la droite, il prit le flash qu'il inclina à un angle de quarante-cinq degrés.

— Prêt, monsieur Books ? Affichez l'expression qui vous semble convenir à la situation, monsieur – quelque chose de, comment dire, de menaçant, peut-être. Ne bougez plus. Vous posez pour l'histoire américaine !

Skelly plaça une extrémité du tuyau en cuivre dans sa bouche, pressa la poire et souffla dans le tuyau ; son exhalation alimenta la flamme d'alcool à travers un trou à l'arrière du plateau en fer, enflamma la poudre de magnésium et l'espace d'un vingt-cinquième de seconde, lorsque l'obturateur s'ouvrit, la pièce fut éclairée d'une lumière céleste. Aussitôt après, elle fut assombrie par un nuage de fumée âcre et lorsque Books cilla, Skelly avait déjà reposé son flash, éteint la flamme, sorti deux carrés de carton de sa mallette, ouvert les fenêtres en grand et entreprenait d'évacuer la fumée en agitant les cartons tandis que son sujet battait des bras, toussait et épaississait l'air de ses jurons.

— Désolé, monsieur ! Un petit prix à payer au nom de l'art photographique !

Rayonnant, les yeux clos, il éventa la pièce avec ardeur jusqu'à ce qu'une bonne visibilité soit restaurée. Puis la satisfaction s'effaça aussitôt de son visage en bien moins d'un vingt-cinquième de seconde. Le visage de Books se trouvait tout près du sien et l'expression du tireur – qu'elle convienne ou non à la situation – était des plus menaçantes.

— Vous allez me donner une douzaine de photos, c'est bien ça, Skelly ?

— Oui, monsieur.

Skelly déglutit.

— Je n'en ai besoin que d'une seule.

— Oui, monsieur.

— Combien d'autres pouvez-vous en faire ?

— D'après le négatif ? Eh bien, autant que je veux… j'imagine.

— Et vous ne vous gênerez pas pour en faire un sacré nombre, pas vrai ?

— Mais, mais dans quel but, monsieur Books ?

— Parce que je suis en train de mourir et que vous êtes au courant, nom de Dieu, pas vrai ?

— J'ai… j'ai entendu une rumeur de, comment dire, de la sorte, monsieur. Je regrette que…

— Et vous allez produire des portraits du célèbre assassin comme des saucisses, pas vrai ? Et les fourguer pour un dollar pièce, pas vrai ?

— Oh, monsieur Books, comment pouvez-vous imaginer… un homme de mon rang…

— Alors voilà ce que vous allez faire, Skelly. Vous allez m'envoyer mon satané exemplaire dès que possible, accompagné de 50 dollars en liquide. Ou je viendrai à votre atelier, je vous fourrerai votre poudre dans l'arrière-train avant d'y porter le bout d'un cigare, et ça sera une sacrée fête dans votre cul, ce soir-là. Vous me suivez, espèce de rapiat ?

— Oui, monsieur !

> 22 janvier – Peter Donley, un vieil habitant de l'Arizona, s'est donné la mort d'un coup de revolver à Briggs, dans le comté de Yavapai. Il a demandé à un homme séjournant avec lui d'aller lui acheter du whisky. En son absence, Donley a placé un Colt dans sa bouche avant d'appuyer sur la détente. La balle de gros calibre lui a brisé la mâchoire ainsi que la nuque. Il se serait donné la mort pour échapper aux souffrances de la grippe.

Il interrompit sa lecture pour boire du laudanum. Il y avait désormais recours toutes les deux heures, jour et nuit, et avait consommé la moitié d'une fiole de trente centilitres.

Avant de reprendre le journal, il écouta le tintement aigu du métal contre le métal, comme le son d'un battant de cloche tandis que le dernier tramway de 9 heures du soir passait au coin de la rue.

Il se sentait terriblement seul. Des années plus tôt, dans les Dakota, lui et trois hommes avaient exploité une concession, et tandis que ses partenaires s'étaient rendus à Deadwood pour l'inscrire et rapporter des outils et des provisions, il avait vécu seul sur la concession. Pendant deux semaines, il avait dormi à la dure sous la pluie et le ciel noir. Plus tard, il avait été contraint d'abattre un de ses partenaires pour obtenir sa part de poussière d'or, une quantité médiocre mais qui lui revenait de droit. Ce soir-là, pourtant, avec un toit au-dessus de sa tête, l'électricité pour lire son journal, écoutant le bruit du tramway, des gens assoupis à l'étage au cœur de la ville, il se sentait bien plus seul qu'il ne l'avait été dans les Dakota, sous la pluie et le ciel noir.

> 22 janvier – Une dépêche d'Albuquerque nous apprend la chose suivante : Francis Schlader, "le Guérisseur" qui attire tant d'attention dans le Territoire et ailleurs du fait de son aptitude merveilleuse à guérir les malades et redonner la vue aux aveugles, a annoncé hier d'un ton calme et catégorique qu'il était le Christ. Parmi ses fidèles, deux soirs plus tôt, se trouvait le révérend Charles L. Bovard. Le révérend Bovard évoque son entretien dans une lettre :
>
> "Mon but était d'entendre de sa propre bouche ce qu'il affirmait faire et qui il affirmait être. Il me semblait que les bons chrétiens devaient savoir ce qu'il affirme réellement. Après plusieurs questions plus ou moins importantes, je lui demandai de but en blanc : 'Déclarez-vous être Jésus Christ, revenu parmi nous ?' Il me fixa droit dans les yeux d'un regard démoniaque et répondit : 'Oui. Puisque vous me le demandez, monsieur, je vous le dis sans hésitation, je suis Jésus Christ !' Je n'ai pas argumenté avec lui. La vie est trop courte pour perdre son temps à apprendre le chant classique à un âne."

Il dormit d'un sommeil profond, mais pour une heure seulement. L'inconfort le réveilla, et s'il somnola plus ou moins, résistant au secours du médicament, il n'en put supporter les tourments davantage au bout d'une demi-heure. Il s'assit sur le lit et dans l'obscurité, il tendit le bras vers la fiole avec tant de désespoir maladroit qu'il renversa la bonbonnière au sol. Il jura et, à tâtons, trouva la fiole qu'il porta à sa bouche comme un bébé se rue sur le téton de sa mère.

Il pensa: Pour les bébés et les adultes, l'élixir parégorique du vieux doc Hostetler à El Paso.

Il avait besoin de se rasseoir. L'effet du laudanum n'était pas seulement plus court, chaque dose mettait plus longtemps à le soulager. Il sortit le pot de chambre et essaya pendant plusieurs minutes de l'utiliser, en vain. Sa vessie était distendue; elle pendait dans ses entrailles comme un énorme rocher. "Vous deviendrez peu à peu urémique, avait dit le docteur lorsque Books l'avait pressé de lui donner des détails. Empoisonné par vos propres déjections corporelles, suite à une insuffisance rénale."

Il pensa: Au diable tout ça. Je resterai là aussi longtemps qu'il le faudra. Pisser ou imploser.

Au bout d'un moment, les muscles tendus de ses mollets et de ses cuisses refusèrent de le soutenir davantage. À l'aide du lit, il se hissa sur ses pieds, désespéré. N'importe quel chien parvenait à lever la patte. Voilà à quoi il en était désormais réduit. Une coquille humaine accroupie au-dessus d'un pot de chambre dans l'obscurité, priant non pas pour le bonheur, la célébrité ou la fortune, mais pour la simple capacité animale d'uriner.

Il s'approcha d'une fenêtre ouverte et s'effondra devant à genoux. Il neigeait. Il sortit la main et sentit avec plaisir les flocons fondre sur sa chair. Quelque part, dans l'obscurité de la nuit, non loin de là, un homme le surveillait et gagnait trois dollars, un pauvre con qui aurait sans doute préféré être au lit chez lui plutôt que de protéger la vie d'un homme qui allait bientôt la perdre. Il entendit un oiseau moqueur chanter dans un arbre, effaré par la neige. Son chant était beau. Pour une raison inconnue, il lui rappela les quatre vers que lui avait récités Hostetler, mais il ne se souvenait que du premier: "Tissez un cercle autour de lui trois fois." Toute la poésie qu'il connaissait se résumait à deux vers : “Sous la large ramure du noisetier / Où se dresse le forgeron du village…”

Il pensa : Quand nous étions gamins, nous jouions à un jeu. “J’aurais aimé.” Eh bien, j’aurais aimé avoir écouté davantage le chant des oiseaux.

J’aurais aimé avoir été plus longtemps à l’école.

J’ai arpenté l’Ouest des États-Unis, c’est sans aucun doute la plus belle région que Dieu ait créée, et j’aurais aimé l’avoir observée davantage.

Si les souhaits étaient des chevaux, les mendiants feraient de bons cavaliers – mais j’ai vendu mon cheval.

J’aurais aimé que le dernier homme que j’ai tué à Tonopah, dans le Nevada, me tue à la place.

J’aurais aimé ne pas être aussi doué avec les armes, si jeune.

J’aurais aimé naître avec un caractère pacifique.

Mes forces m’ont quitté. C’est l’un de mes souvenirs les plus honteux, me retrouver prostré sur le dos avec ce gamin maigrichon se moquant de moi.

Ce ne sera plus long. Un mois ? Trois semaines ? Deux ? Seigneur.

J’aurais aimé avoir épousé Serepta, m’être fixé, avoir eu un fils à qui léguer mes armes. J’avais quarante ans, à l’époque, elle en avait vingt-huit.

J’aurais aimé voir San Francisco.

Hostetler m’a dit qu’un matin, je me réveillerais et je saurais que je suis incapable de me lever. Il faut que je prenne ce matin-là de vitesse. C’est une question de temps, comme souvent. Si je dois agir, je dois le faire avant qu’il ne soit trop tard, même de vingt-quatre heures. Mais je dois d’abord mettre au point ma stratégie.

J’aurais aimé naviguer sur un bateau, rien qu’une fois, et voir les îles Sandwich.

J’aurais aimé ne pas avoir quitté la maison si jeune. J’aimerais savoir ce qu’est devenue ma famille.

Bond. Sacré prénom pour une femme. Elle a pitié de moi, mais elle veut me voir mort et je ne lui en veux pas. Je me suis trompé à son sujet. Elle a de la classe. Mais elle en a aussi dans le ventre. Elle me tient tête. Elle nettoie le sang sur la moquette. Elle a peut-être l'air d'une dame respectable en apparence, mais à l'intérieur, elle est solide comme un roc et j'en ai rarement rencontré des comme elle. Je pourrais l'aimer. Et avec le temps, je pourrais m'arranger pour qu'elle m'aime, mais ce serait injuste. Avec le temps, je pourrais corriger ce gamin. Quelqu'un ferait bien de le faire rapidement, sans quoi il risque de virer comme moi, ou pire. Avec le temps. J'aurais aimé savoir pourquoi il me déteste. Il y a trois jours à peine, j'étais un as à ses yeux. Avec le temps.

J'aurais aimé ne pas avoir été si solitaire toute ma vie.

J'aurais aimé être plus digne d'amour et en avoir éprouvé davantage encore.

Mon Dieu, j'aimerais tant pouvoir recommencer. Je m'y prendrais mieux.

Il quitta la fenêtre et s'acharna encore sur le pot de chambre, parvenant cette fois-ci à y laisser quelques gouttes triomphantes, puis il se recoucha et toucha ses deux Remington pour s'assurer qu'ils étaient à leur place.

Il pensa : Shoup et Norton, je ne connaissais vraiment pas ces noms, mais il y en a trois que je n'oublierai pas. Jack Pulford, Serrano, Jay Cobb. Ils vendraient leur âme, a dit Thibido, pour ajouter mon nom à leur tableau de chasse.

Très bien. Je n'avais aucune partie à gagner jusqu'à présent. Maintenant, j'en ai une. C'est une partie de poker fermé. C'est moi qui distribue les cartes, et non pas ce putain de cancer. Pas la mort. C'est moi qui dicte les règles. Je peux tenir en mains mon jeu, mes revolvers, et jouer trois cartes :

Une. Je peux rester allongé ici et agoniser à petit feu.

Deux. Je peux me faire sauter la cervelle. Mais j'ai trop de fierté pour ça. Et puis, ça n'a aucun style. Il n'y aurait aucun honneur là-dedans. Ce n'est pas ainsi que doit partir J.B. Books.

Trois. La troisième carte. Je peux choisir mon propre exécuteur.

J'aurais aimé savoir lequel des trois est un tireur infaillible. J'aurais aimé savoir lequel des trois mérite de me tuer.

Quel était ce vers, déjà ? Ah oui. "Tissez un cercle autour de lui trois fois…"

Pulford.

Serrano.

Cobb.

Quatre

— Il y a un homme qui veut vous voir, annonça-t-elle. Un dénommé M. Beckum.

Books appliquait de la mousse à raser sur son visage.

— Me voir à quel sujet ?

— Je comptais vous le dire. Je connais suffisamment bien votre tempérament colérique. Je vois encore ce pauvre jeune journaliste voler au bas des marches.

— Eh bien ?

— C'est un croque-mort.

Books posa son blaireau et sa tasse, puis se retourna pour la dévisager.

— Nous en avons trois en ville. C'est le plus connu. Je dois dire qu'il est plutôt direct. Vous n'êtes pas obligé de le recevoir, naturellement.

Il se concentra à nouveau sur sa mousse, grimaçant devant le miroir.

— Il a neigé, la nuit dernière, dit-il.

— Oui. Mais tout a fondu ce matin.

Elle l'entendait presque réfléchir.

— Thibido a dit qu'il posterait un homme devant la maison, la nuit. L'a-t-il fait ?

— Oui. Il fait les cent pas sur Overland. La plupart du temps, il s'adosse à un arbre. Je ne suis pas certaine que ce soit très efficace.

— Si ça vous ennuie, je peux dire à Thibido de le faire partir.

— Non, ça ne me gêne pas.

Il finit d'appliquer la mousse.

— Très bien. Faites-le venir.

Elle hésita.

— Ne vous inquiétez pas, nous allons bien nous entendre. Il est sans doute venu me remercier.

— Vous remercier ?

Son sourire était écumant et sardonique.

— Au nom de toute sa profession.

Quand le visiteur entra, Books tapotait son rasoir sur la paume de sa main d'un geste suggestif.

— Entrez. Asseyez-vous.

— Merci.

Surpris de cet accueil et remarquant aussitôt le rasoir, Beckum resta debout.

— J'espère que ma visite ne vous importune pas, monsieur Books. Du moins, j'espère que vous ne la jugez pas déplacée.

— Pas du tout. J'aime les hommes d'affaires entreprenants.

Malgré les vêtements noirs qu'il arborait, Beckum était l'image même de la bonne santé, rondelet et affublé de bajoues porcines. Il adoptait deux attitudes différentes : une jovialité qui écartait l'idée de la mort imminente et une gravité qui soulignait le caractère transitoire de l'existence humaine. Il les alternait comme deux paires de chaussures et les usait toutes deux avec autant de régularité.

— J'admets avoir entendu des… des rumeurs malheureuses au sujet de votre condition physique, monsieur Books, dit-il d'un ton grave. Je suis venu vous exprimer mes regrets les plus sincères.

Books entreprit de se raser.

— Et ?

— Et pour discuter de quelque chose avec vous. Comme vous le savez, il y a certains… certains préparatifs à entreprendre et les gens prévoyants s'y prennent souvent à l'avance. Disons que, monsieur Books, nous sommes mortels, nous tous, et si nous sommes également prudents, nous…

— Qu'est-ce que vous me proposez ?

— Une affaire très simple, monsieur. Vous êtes un individu célèbre et respecté, dit le croque-mort avec conviction. M'assurer de ces derniers détails pour vous attesterait de l'excellence de mes services mortuaires. Pour être honnête, cela m'apporterait le genre de publicité que même l'argent ne peut acheter. Je suis donc prêt à vous offrir un embaumement suivant une méthode des plus scientifiques, un cercueil en bronze garanti un siècle, peu importent les conditions climatiques ou géologiques, mon meilleur corbillard, le prêtre de votre choix, la présence d'au moins deux pleureuses, une pierre tombale dans le plus beau marbre de Carrare, une parcelle d'une taille et sur un emplacement à la hauteur de votre statut, ainsi qu'une concession perpétuelle.

— Pour combien ?

— Pour rien du tout, monsieur. Rien que pour le privilège de vous servir.

— Combien allez-vous gagner dans tout ça ?

— Je vous demande pardon ? Vous plaisantez sans doute. Je vais débourser une large somme, je vous assure…

— Mon œil, oui.

— J'ai peur de ne pas comprendre, monsieur.

Le rasoir en suspens, Books fit une pause pour dévisager le reflet du croque-mort dans le miroir, qui semblait à son tour hypnotisé par le reflet du tireur devant lui, mi-mousse à raser, mi menaçant.

— Voilà ce que vous allez faire, Beckum. Exactement ce que vous avez fait à Hardin, ici même, après sa mort. J'ai lu des choses à ce sujet. Vous m'étendrez quelque part pour permettre au public de venir me voir, à 50 cents par visiteur, 10 cents pour les enfants. Quand la curiosité se sera tarie, vous récupérerez mes dents en or, vous m'enroulerez dans un sac en toile de jute grossière et vous me foutrez dans un trou Dieu sait où avant d'apporter prestement votre butin à la banque.

— Monsieur Books, je vous assure que…

— Vous m'assurez quoi ? Que pourra bien me foutre votre parole d'honneur quand j'aurai les veines pleines de votre satané jus ? Qui vous obligera à l'honorer ?

Le croque-mort se balançait sur place sans trop savoir sur quel pied danser.

Books leva sa lame et reprit son rasage.

— Non, voilà ce que vous allez faire, Beckum. Je veux votre parole que vous m'accorderez une tombe correcte. Plus tard. Et je veux une part de vos bénéfices, ainsi qu'une pierre tombale. Maintenant. Du liquide et une pierre livrée dans deux jours ou plus tôt. Je veux une petite pierre de bonne qualité où vous ferez graver JOHN BERNARD BOOKS 1849-1901. Rien d'autre. Pas d'anges ni de boniments. Compris ?

— Un tel arrangement me paraît répugnant, monsieur. C'est…

— Ou j'irai faire affaire avec vos concurrents.

— Je vois. Vous êtes un homme dur, monsieur Books.

— Pas dur, non. Vivant. Et les vivants font de meilleures affaires que les morts. (Books se rinça le visage et s'essuya à l'aide d'une serviette.) Je prendrai donc 50 dollars tout de suite.

Beckum se pinça le bout du nez.

— C'est trop. Si je vous fais livrer une pierre tombale et que j'y ajoute 50 dollars, je réduis ma marge. J'ai fait mes calculs et, à mon avis, il n'y aura pas plus de trois cents personnes disposées à venir voir votre dépouille.

— Trois cents ? Vous me sous-estimez.

— Shoup et Norton ont été d'une grande aide, je dois le dire. Si vous pouviez vous arranger pour tuer…

— Je vais voir ce que je peux faire.

— Je monte jusqu'à 30 dollars, monsieur, pas davantage.

— Quarante. Faites passer une annonce dans le journal.

Beckum soupira et chercha son portefeuille.

— Très bien, entendu pour 40 dollars. (Il tendit à Books deux billets de vingt.) Je vais de ce pas mettre mon tailleur de pierre au travail sur l'inscription.

— Dans deux jours, pas plus tard, répéta Books. J'arrive à court de temps.

Le croque-mort rangea son portefeuille et hocha la tête d'un air solennel.

— Je suis attristé de l'entendre, monsieur Books. Profondément attristé.

Il connaissait désormais les allées et venues de la maison aussi bien que celles de sa douleur. Le garçon était sorti pour la soirée. Il entendait la mère faire couler de l'eau dans la salle de bains au bout du couloir. Il faisait un brin de toilette au quotidien, mais il aurait bientôt besoin d'un vrai bain, dans une baignoire, et il doutait de pouvoir y parvenir seul.

> Le salaire accordé au prince de Galles et puisé dans le Trésor britannique correspond à 680000 dollars par an, et il gagne également un revenu subsidiaire privé. Et pourtant, Andrew Carnegie, propriétaire du château de Skibo, pourrait le racheter plusieurs fois tout en conservant assez d'argent pour s'offrir une ou deux bibliothèques quand le cœur lui en dit.

L'article lui rappela quelque chose. Il prit son temps, se hissa hors du fauteuil et, avançant d'un pas lent le long du pied de lit en laiton, il atteignit le chiffonnier, ouvrit le tiroir supérieur et compta son argent. Deux cents dollars de la vente de son cheval, et les 40 de Beckum. Le photographe, Skelly, lui devait un portrait et encore 50 dollars, sans parler de ce qu'il avait déjà dans son portefeuille. À ce rythme-là, il serait bientôt le nouveau Andrew Carnegie.

Il referma le tiroir, refit péniblement le chemin jusqu'au fauteuil et, reprenant son journal, lut deux articles futiles :

> Les rumeurs voulant que le professeur Garner, l'homme qui parle aux singes, soit gravement malade et en danger en Afrique, ont été démenties. Il poursuit son étude du langage simiesque avec plus d'enthousiasme que jamais, et il endure les privations et les dangers d'une existence en territoire sauvage dans l'espoir de glaner dans les conversations des singes de nouveaux éléments pour faire progresser la science.
>
> L'évêque Potter propose d'organiser un comité de surveillance de 5 000 hommes afin d'enquêter sur les raisons de la débauche à New York et sa suggestion fait trembler Tammany comme une feuille. Les pauvres vieux de Tammany ont du mal à ruser, ces derniers temps.

Il avait dix ans, à bord d'un chariot tiré par un attelage de mules, aux côtés de son grand-père, un homme parfois poussé à des actes désespérés. Ils devaient parcourir 60 kilomètres en deux jours à travers le comté de San Saba pour rejoindre une ferme appartenant à des membres de leur famille, des cousins. Sa grand-mère était allée leur rendre visite trois mois plus tôt, elle était morte d'une fièvre et avait été enterrée là-bas. Pendant ces trois mois de deuil, son grand-père avait broyé du noir. Il n'était pas correct que sa femme repose en terre étrangère ; il voulait qu'elle revienne chez eux, près de lui, sur leur propriété. Il ne mangeait plus, ne dormait plus ; il parlait tout seul. Finalement, vieil homme et enfant entamèrent ce périple. Lorsqu'ils arrivèrent chez les cousins, ils déterrèrent le cercueil, une simple boîte en gommier et, l'ayant hissée sur le chariot, ils repartirent chez eux. Le soleil brillait fort, la route était sans fin. Le premier jour, le couvercle et les côtés du cercueil se mirent à enfler. Le deuxième jour, en milieu de matinée, le cadavre avait tant gonflé que les clous et le bois ne parvenaient plus à le contenir. Le couvercle éclata et s'ouvrit. Un immense grognement s'en échappa, ainsi qu'une insoutenable puanteur. Ils firent halte et reclouèrent le couvercle dans la chaleur et la puanteur, ils sautèrent dessus, dansèrent dessus, hurlant comme des Comanches affolés, un grand-père désespéré et un petit-fils terrifié, jusqu'à l'épuisement, jusqu'à la nausée, mais en vain. Ils reprirent la route, faisant un détour dans un village pour demander de l'aide au forgeron. Le forgeron était un homme puissant et le cercueil fut rapidement scellé à l'aide de bandes de métal. Ils le ramenèrent alors à la maison, enterrèrent la grand-mère une fois encore à l'ombre d'un chêne vert, marquèrent l'endroit d'une simple croix en bois, et son grand-père, qui portait le nom de Galen Books, s'asseyait le soir près de la tombe, chiquant du tabac et expliquant à sa femme ce qu'ils avaient fait, et pourquoi.

Il se débattit pour sortir de son rêve et de sous ses couvertures en grognant, puis il s'assit le dos droit sur le lit. Ses sous-vêtements longs étaient trempés de sueur, mais en quelques instants il fut gagné par le froid et frissonna. Il tâtonna en quête de la fiole, sans succès.

Il tira la chaîne de la lampe en lâchant un juron, cilla dans la lumière, but au goulot, l'amertume lui arrachant une grimace, et il referma la bouteille. Il regarda sa montre, une Elgin en or avec un clapet orné d'un petit diamant en son centre. Il n'était pas tout à fait 2 heures. La dernière dose lui avait permis de dormir à peine une heure.

Mais cette fois-ci, il ne fut pas soulagé. La douleur le mettait presque à l'agonie. La maladie faisait désormais des ravages en lui, se nourrissant de ses cellules pour en créer de nouvelles, s'étendant à travers le tiers inférieur de son tronc. Clous, aiguilles, ciseaux et couteaux le perçaient, se retiraient et le perçaient, encore et encore. Il se laissa glisser au sol et plaça ses avant-bras sur les accoudoirs du fauteuil en cuir avant de balancer son bassin d'avant en arrière comme un enfant sur un cheval à bascule. Il luttait contre l'envie de hurler, de réveiller la maison tout entière, la ville, le monde, de leur avouer l'immensité de sa souffrance.

— Oh, bon Dieu, gémit-il. Bon Dieu. Qu'est-ce que j'ai fait pour mériter ça ? Oh, je ne vais pas tenir encore bien longtemps. Bon Dieu, bon Dieu de bon Dieu.

Le laudanum ne lui faisait aucun effet. Il chancela jusqu'au placard, tira vivement le rideau, trouva le whisky sur l'étagère, le déboucha et l'engloutit. Il reposa la bouteille et attendit, tremblant, d'être soulagé.

Son estomac se convulsa soudain. Penché en avant, tombant à genoux, il empoigna le pot de chambre et vomit, évacuant non seulement les restes de son repas mais aussi du laudanum – se rendit-il compte trop tard. Puis, vidé, à quatre pattes, la tête au-dessus de son vomi, frigorifié et claquant des dents dans cette position animale, il connut la peur pour la première fois de sa vie adulte.

— Oh, mon Dieu, murmura-t-il. Oh, mon Dieu, j'ai peur de mourir.

Il ferma les yeux, effrayé. Surgi de nulle part, le deuxième vers lui revint en mémoire et son esprit l'ajouta au premier : "Tissez un cercle autour de lui trois fois / Fermez vos yeux frappés d'une terreur sacrée…"

Il ouvrit les siens. Sur l'abat-jour en verre fumé près du lit, les oiseaux de paradis vert, marron et bleu semblaient battre des ailes avec mépris dans sa direction.

La peur se mua en rage. La rage l'emplit d'une force qu'il n'avait pas ressentie depuis des jours. Il se leva d'un bond, attrapa la bonbonnière sur le secrétaire et la projeta avec violence, l'explosant contre le mur de fleurs de lis.

Il n'en fut pas soulagé. Il se rua vers le placard, arracha un de ses Remington dans son étui et, prenant appui à la tringle du rideau, menaça le plafond de son arme.

Il pensa : Dieu ! Tu m'entends, Dieu ? Je ne crois peut-être pas en toi mais tu ferais mieux de croire en moi, bon sang ! J.B. Books ! Tu vois ce revolver ? Je m'en sers pour tuer ! Toi aussi, tu tues les gens, mais moi, je m'arrange pour faire mon travail plus proprement. Je tue les mauvais, tu tues les bonnes gens. J'ai mes raisons, tu n'en as aucune. Tu me tues à petit feu et je ne mérite pas un tel traitement. Tu m'as maltraité et je refuse d'être maltraité. Alors réglons ça entre nous, Dieu ! Viens m'affronter ! Sois un homme et viens m'affronter si t'en as les tripes – lève-toi, dégaine et repars ! Dieu, sois maudit, Dieu, jette-toi sur moi tout de suite et tue-moi, ou bien laisse-moi la vie sauve !

Elle ne le reconnut pas.

Il ne la reconnut pas.

Pour lui faire une surprise, elle était entrée sans frapper. Il était assis en manches de chemise dans un fauteuil en cuir sur un coussin écarlate bordé de glands dorés.

Un ange passa.

— Johnny ?

— Madame ?

Elle se rapprocha.

— Johnny, tu ne me reconnais pas ?

Et soudain, il la reconnut. C'était sa voix. Seule sa voix n'avait pas changé.

— Serepta !

— Oui ! Oui !

Elle se précipita vers lui. Il ne se leva pas, mais il tendit les mains pour accueillir la femme, et elle s'arrêta devant lui tandis qu'il la prenait dans ses bras, l'attirait contre lui et pressait son visage dans ses cheveux, et ils rirent ensemble, doucement, se murmurèrent de douces paroles jusqu'à ce qu'il l'écarte afin de pouvoir l'observer à nouveau. Les yeux de l'homme étaient embués de larmes.

— Mon Dieu, je suis heureux que tu sois là, Ser ! J'étais certain qu'aucune de mes connaissances ne passerait jamais me voir !

— Oh, Johnny, mon chéri ! (Elle se pencha pour l'embrasser sur la bouche.) Je suis venue dès que j'ai appris la nouvelle !

— Tiens, assieds-toi là sur le lit, près de moi.

Il l'aida. Ils échangèrent un sourire et elle se tamponna les yeux à l'aide d'un mouchoir.

— Ai-je donc tant changé, Johnny ?

— Non. Pas du tout. Ça fait tellement longtemps, bon sang, c'est tout.

— Onze ans.

Mais il lui avait menti, par galanterie. Elle avait le teint rougeaud, trente-neuf ans et irrévocablement rougeaude. Son visage était bouffi et ridé, elle avait étalé du fard à joues et du rouge à lèvres, s'était épilé les sourcils en deux arcs insolents. Quand elle retira son bonnet, la toison auburn qu'il avait connue avait été fixée d'une main malhabile à l'aide d'épingles et passée au henné. Il était certain de ne pas avoir changé de façon aussi radicale. Onze ans plus tôt, sa vie s'était articulée autour de cet amour, à prendre ou à laisser. La, la, la, avait-elle chanté sous lui, un chant aussi beau que celui d'un oiseau moqueur en extase devant la neige. À présent, elle devait sans doute se préoccuper davantage des pattes d'oie au coin de ses yeux, d'un soupçon d'arthrose les jours de pluie, peut-être d'un oignon au pied. Mais son cœur le réconcilia avec cette nouvelle Serepta Thomas, plus vieille, que les années avaient trahie. Elle était là quand il avait besoin d'elle, c'était ce qui comptait et il lui en était reconnaissant. Il emporterait ce jour avec lui dans la tombe.

— Ce n'est pas vrai, si ? Ce qu'on dit ?

— Que j'ai un cancer ?

— Oui.

— Mon Dieu comme je t'ai aimée, Ser.

— Je t'aimais aussi. Ce n'est pas vrai.

— Si.

— Combien de temps te donnent-ils ?

— Quelques semaines.

— Oh, Johnny, non.

Elle détourna le visage et utilisa à nouveau son mouchoir.

— Ne pleure pas, Ser. Notre heure finit toujours par arriver. Comment l'as-tu appris ?

— Tu es célèbre, et les mauvaises nouvelles circulent toujours vite. Je vis à Tucson, maintenant, et dès que j'ai appris la nouvelle, je suis montée dans le train le jour même.

— Tu es bonne.

Il lui prit son mouchoir et le passa sous ses yeux. Le tissu était usé et dégageait des effluves de parfum bon marché.

— Je dois être horrible à voir.

— Seulement si on a une mauvaise vue, dit-il en souriant. Pourquoi es-tu venue ?

— À ton avis ? Pour te revoir, pour être avec toi. Je n'ai pas oublié, Johnny. Je n'oublierai jamais.

Il prit ses mains entre les siennes. Elles étaient gercées. Il avait vécu deux ans avec elle à Tularosa. Elle ne lui avait pas demandé de l'épouser, il ne le lui avait pas proposé, car il était à ses côtés un jour mais disparaissait le lendemain. Et lorsqu'il était rentré du Colorado, elle l'avait quitté pour un convoyeur du nom de Pardee.

— Tu es toujours avec Pardee ?

— Non. Il est parti en Californie l'année dernière. Il a tout bonnement filé.

— Me quitter pour un convoyeur. Il n'y avait aucun avenir là-dedans. Tu ne savais pas que le chemin de fer était en plein essor ?

— Oh, il gagnait bien sa vie, au début, et il était correct avec moi. Il ne portait jamais d'arme. Et puis il y a eu de moins en moins à convoyer et il s'est mis à boire. Après, c'est la triste histoire habituelle – je gardais un coquard pendant six mois. Quand le bleu s'effaçait enfin, il le rafraîchissait.

— Vous avez eu des enfants ?

— Deux. Deux filles.

— Je t'aurais donné des garçons, Ser.

— Et un voile noir, aussi. Je n'aurais pas pu le supporter, Johnny, te voir partir et m'inquiéter de savoir si tu rentrerais mort ou vif.

— Regarde combien de temps j'ai vécu.

Elle hocha la tête.

— Je n'aurais pas pu le supporter. Je t'aimais trop.

— On aurait dû se marier.

— C'est de l'histoire ancienne.

— On aurait dû.

— Tu n'as jamais épousé personne ?

— Non.

— Et te voilà seul. C'est vraiment atroce. Je suis tellement heureuse d'être venue.

— Moi aussi. (Il porta les mains de Serepta à ses lèvres.) Oh, mon Dieu, moi aussi.

— Est-ce que tu le voudrais ? demanda-t-elle.

— Quoi ?

— Qu'on se marie ?

— Maintenant ?

— C'est un sujet que je voulais aborder avec toi. La vie m'a plutôt pas mal bousculée, Johnny. Je n'ai pas encore quarante ans, mais je n'ai aucun avenir. J'ai dû faire les fonds de tiroirs pour m'acheter un billet de train. On pourrait appeler un prêtre et se dire "oui". J'aurais le certificat entre les mains. J'aurais quelque chose pour me permettre de continuer.

Le sourire de Books était devenu narquois.

— Tu n'aurais pas grand-chose. J'ai vendu mon cheval. J'ai deux revolvers et une montre en or.

— J'aurais ton nom.

— Et où est-ce que ça te mènerait?

— Loin, peut-être bien.

Il lui lâcha les mains.

— Comment ça?

— Tu es trop modeste, Johnny. Tu ne te rends pas compte que tu es célèbre. Mince, tout le monde a entendu parler de J.B. Books – tout le monde parle de toi. Tu es sans arrêt dans les journaux. Et après ta disparition, je serais Mme J.B. Books, ta veuve. Je serais quelqu'un.

— Ce n'est pas avec ça que tu t'achèterais du bacon.

— Eh bien, peut-être que si. (Elle se lécha les lèvres du bout de la langue.) Tu vois, c'est comme ça que j'ai entendu dire que tu allais mal. Il y a un journaliste ici, à El Paso. Il a réussi à retrouver ma trace, je ne sais pas comment, et il m'a écrit de venir le rencontrer. C'est ce que j'ai fait, ce matin, en chemin jusqu'ici. Il veut publier un livre sur toi – tu sais, sur ta vie, tes crimes, tout ça. Il l'écrirait et mettrait mon nom sur la couverture: *Le Tireur – La vie et les affres sanglantes de J.B. Books*, par Serepta Books. Son Épouse. Il dit qu'à l'Est, ça se vendrait comme des petits pains. Il partagerait avec moi.

Il s'adossa au fauteuil, s'éloignant d'elle.

— Il s'appelle Dobkins?

— Oui. Comment le sais-tu?

— Je l'ai viré d'ici à coups de pied, l'autre jour.

— Pourquoi?

— Il voulait me proposer la même chose, mais à paraître dans le journal. Ce sale lâche de fils de pute. Il est tenace. Il n'abandonne pas.

Ils gardèrent le silence. Elle le jaugeait. Au bout d'un moment, elle fit la moue.

— Je ne t'ai jamais compris, Johnny. Je n'y arrive toujours pas. Quel mal y a-t-il à ça? Un certificat de mariage – rien qu'un morceau de papier.

— Ce n'est pas ça que je refuse. C'est le livre.

— Pourquoi ?

— Que sais-tu de ma vie ? Que sait Dobkins ?

— Eh bien, j'en connais deux ans – quel amant tu étais. Et je sais tout ce que tu m'as raconté. Dobkins dit que les détails qu'on ne connaît pas, on les inventera. Tu sais, les détails sanglants – les duels, les chevauchées au clair de lune, les femmes s'arrachant les cheveux ! (Elle éclata de rire.) Oh, ça va être du tonnerre, Johnny, je te le promets !

À la vue de son expression, elle ferma la bouche comme on claque une porte.

— Non, dit-il. Je refuse qu'on se souvienne de moi à travers un tas de mensonges.

Elle avait été certaine de sa réaction, confiante d'avoir un avantage naturel, la bonne santé contre la maladie. Elle ne savait désormais plus quelle direction prendre, hésitant entre jouer avec sa corde sensible ou l'accuser d'avoir un cœur de pierre. Elle joua au pile ou face émotionnel.

— Ça m'a coûté trois dollars pour prendre le train jusqu'ici, Johnny, dit-elle en tordant son mouchoir. Un aller simple.

— Je t'achèterai ton billet de retour.

— Je t'ai sacrifié deux années de ma vie. Tu ne peux pas m'aider, maintenant que j'ai besoin de toi ? Mes petites filles…

— Tes filles, à toi et à Pardee, pas les miennes.

— Mais qu'est-ce qu'il y a de si mal à écrire un livre ?

— Je n'ai peut-être plus grand-chose, femme, mais j'ai encore ma fierté.

— Merde ! dit-elle, se laissant aller à la colère. Ta fierté. Tu as fait bien assez de mal aux autres dans ta vie… Ne peux-tu pas faire une bonne action, rien qu'une fois ?

— C'est pour ça que tu es venue me voir.

— Je suis venue parce que j'ai besoin d'aide ! s'écria-t-elle. Tu pourrais me donner un coup de main, mais tu refuses, tu es bien trop têtu et méchant, tu l'as toujours été ! En quoi ça devrait t'importer, de toute façon, tu es en train de mourir ! Moi, je dois continuer à vivre, mais tu n'en as rien à foutre, de savoir ce qu'il adviendra de moi ! Et pourquoi ça t'intéresserait ? Tu ne seras plus là !

Elle avait dépassé les bornes. Il la dévisageait. Et bien qu'onze ans se soient écoulés, elle n'avait pas oublié : face à cette terrible évaluation silencieuse, rien n'y faisait, ni les larmes, ni les accusations, ni même une balle. Elle était terrifiée. Elle se jeta au sol, s'agenouilla entre ses jambes et essaya de le reconquérir par ses bras.

— Oh, Johnny, honte à moi ! Je n'aurais jamais dû dire ça ! C'est juste que je suis dans une sale situation, et je suis tellement seule !

Elle eut un éclair d'inspiration.

— Johnny, chéri, je t'aime encore, vraiment ! Je ferais n'importe quoi pour toi !

Elle attira son visage vers elle, tout près du sien, et l'embrassa sur le front, sur les joues. Elle l'embrassa sur les lèvres, gémissant avec passion, introduisant sa langue entre ses dents.

— Chéri, il y a bien quelque chose que je puisse faire pour toi. (Elle posa une main entre ses jambes et déboutonna son pantalon.) Es-tu encore fidèle à toi-même, Johnny ?

Il grogna. Il avait fermé les yeux. Serepta retrouva son assurance, plongea la main dans le pantalon, à travers la fente du caleçon, ses doigts tâtonnant vers son membre.

— Où est mon revolver ? Est-ce qu'il tire encore, mon vieil étalon ? N'as-tu pas envie d'une dernière fois ? Oh, chéri, moi j'en ai envie !

Il s'adossa dans le fauteuil.

— Vas-y, Ser, tu verras bien ce que tu trouveras.

— Ce que je trouverai ? Comment ça ?

— Le cancer, dit-il d'une voix rauque. C'est là qu'il est ! Si c'est ça que tu veux, espèce de putain, j'en suis plein à craquer !

— Oooh !

Révulsée, elle retira brusquement sa main. Elle s'écarta de lui et s'étendit sur le lit, dégoûtée. Elle se releva et recula, le visage transformé en un masque peinturluré de haine.

— Espèce de salaud, cracha-t-elle.

Impuissant, en proie à un désespoir complet, il porta les mains à son visage.

— Mon Dieu, dit-il. Tu n'es venue que pour ça. Et dire que je t'ai aimée. Que Dieu me vienne en aide.

— Espèce d'assassin.

— Adieu, Ser.

— J'espère que tu pourriras en enfer, siffla-t-elle.

— Dans le placard, mon portefeuille, dit-il d'une voix presque inaudible et attristée. Prends trois dollars. Et adieu.

Le shérif Thibido le fit sortir de la cellule de la prison municipale à 10 heures sonnantes, le mardi soir. Il aurait pu être libéré l'après-midi après avoir purgé son dernier jour de sentence pour agression, mais Thibido avait été inflexible : ce sale blanc-bec ferait ses trente jours complets, à la minute près.

Dans son bureau, il lui rendit ses deux Colt et ses étuis : Cobb les fixa à sa ceinture, attachant chaque étui au milieu de sa cuisse à l'aide d'un lacet de cuir.

— Je ne te remercie pas, shérif.

— Je ne t'en prie pas. Et ils ne sont pas chargés. Si tu veux acheter des munitions, il va falloir que tu retournes bosser chez ton papa. Tu as mauvaise réputation et aucun homme sensé ne t'embauchera jamais. (Thibido fit une pause.) Si tu veux un conseil, n'en achète pas. Retourne plutôt à ta carriole, et pas au saloon. Sinon, si tu continues sur la pente que tu descends déjà, on finira un jour par te pendre, moi ou un autre, Dieu m'en est témoin.

— Je ne te remercie pas, shérif.

Jay Cobb dégaina ses revolvers et les tendit, crosses en avant, comme s'il les cédait à Thibido. Puis soudain, glissant ses index dans les pontets, il fit tournoyer les armes et les retourna pour en braquer le canon sur la taille du shérif.

Il sourit.

— Ça, c'est la vrille de Bill le Frisé, shérif. Y en a pas beaucoup qui y arrivent.

Thibido avait eu un mouvement de recul en voyant son manège. Il surprit un éclair de délectation sur le visage des deux adjoints, adossés au mur, qui profitaient du spectacle. Il inspira profondément pour reprendre ses esprits.

— Cobb, dit-il, tu n'as rien d'un Brocius. Lui, c'était un bon criminel, un vrai de vrai. Toi, tu n'es qu'un petit foie jaune boutonneux à petite quéquette, et tu ne seras jamais un bon criminel, parce que tu n'as pas assez de cervelle.

— S'ils étaient chargés, fanfaronna Cobb, tu bavasserais pas comme ça.

Thibido colla ses mains à ses hanches.

— Tu contamines les lieux. Emporte-moi ces joujoux et ton horrible personne loin d'ici ou je lâche J.B. Books à tes trousses.

Jay Cobb ne sut que répondre. Il ouvrit la bouche et la referma. Il avait vingt ans et il était laid. Son visage portait des cicatrices d'acné et son cou était enflé de chaque côté par des pustules, certaines purulentes et enflammées. Pour compenser, il avait appris très tôt à manier des revolvers. Il s'entraînait régulièrement à les manipuler et à viser sur les berges du fleuve, faisant tournoyer ses Colt et coupant des tiges de tournesols en deux. Gillom Rogers l'avait surpris à ce petit jeu et, en échange de son silence, Cobb l'avait laissé tirer quelques coups. Les tournesols poussaient hauts et touffus sur une large parcelle – cette même parcelle où George Scarborough avait tué Martin Morose alors que ce dernier rentrait de Juárez pour affronter John Wesley Hardin, qui vivait avec l'épouse de Morose à El Paso. Cobb le savait. Il aimait apprendre à manier ses revolvers avec la mort près de lui comme enseignante.

— Le vieux Books, ricana-t-il. Il est en train de mourir. Appelle-le et dis-lui de venir me voir. J'abrégerai ses souffrances.

— Bon, t'as cassé la mâchoire d'un type, dit l'un des adjoints. Mais est-ce que t'as déjà affronté quelqu'un ? Tué quelqu'un ?

Cobb ouvrit la bouche et la referma.

— Allez, rentre chez toi avant que je vomisse, dit Thibido.

Cobb ouvrit la bouche et la referma. Il avait l'air de vouloir tuer quelqu'un ou d'éclater en sanglots.

— Rentre chez toi et lave-toi le visage, dit un des adjoints.

Jay Cobb rentra chez lui, mais pas à la maison adjacente à la laiterie. Il s'introduisit dans la laiterie par une porte arrière et, se faufilant entre les étagères, les barattes et les bouteilles de lait empilées jusqu'au comptoir à l'avant du magasin, il rechargea d'abord ses revolvers en piochant dans un sachet de munitions Bull Durham qu'il cachait dans un tiroir. Il ouvrit ensuite la boîte en fer où son père conservait les paiements en liquide avant de les porter à la banque le vendredi. Depuis qu'il avait abandonné l'école, Jay conduisait la carriole de livraison, et ses parents, des gens bons et croyants, s'attendaient à ce qu'une fois libéré de prison, il reprenne son travail. Il vida la boîte de son contenu, moins de 100 dollars, puis il quitta le bâtiment, ses odeurs de lait, de crème et de beurre, pour toujours, du moins le croyait-il.

Il se rendit aussitôt à la maison close de Tillie Howard dans Utah Street, de l'avis de tous, le palais des plaisirs le plus somptueux de la ville, doté des filles les plus belles et les plus chères. Le bâtiment était neuf, construit en briques jaunes, avec des lucarnes et des balcons aux fenêtres du premier étage, une allée circulaire et une écurie. Il fut admis dans le salon, une pièce majestueuse ornée de tentures en velours écarlate, de tapisseries en soie et en satin, de peintures à l'huile aux cadres dorés, de bouquets de fleurs et de tapis d'Aubusson. Ce mardi soir, les clients se faisaient rares. Le jeune Cobb musarda une heure dans le salon, engloutissant un whisky de qualité, cajolé par le personnel jusqu'à ce qu'il fasse son choix. Il jeta son dévolu sur une blonde enchanteresse d'une vingtaine d'années prénommée Vickie et, accompagné d'une bouteille pleine, il l'escorta à l'étage jusqu'à sa chambre avant de verrouiller la porte. Il était déjà bien ivre. Et il n'avait jamais embrassé un membre du sexe opposé, à l'exception de sa mère, sans parler d'en avoir fait la connaissance charnelle.

Quand ils se furent tous deux dévêtus, il mit Vickie et la bouteille sur le lit, mais il se trouvait dans un état d'ébriété tel qu'il fut incapable de consommer son désir. Il l'accusa de son impuissance et sortit de ses gonds. Fou furieux, il fit payer à la pauvre fille son intelligence limitée, son apparence repoussante, son adolescence passée sur le siège d'une carriole de livraison de lait, ses trente jours en prison et le traitement infligé par le shérif et ses adjoints ; il lui écarta les jambes brutalement et tenta de la violer avec le canon de son Colt. Le viseur lui déchira les lèvres au passage. Elle se mit à saigner. À hurler. Il lui asséna de violents coups de poing.

Attirées par ses appels à l'aide, les filles gravirent les marches à la hâte derrière Jim, l'homme à tout faire de la maison, un géant noir qui arborait une tenue de soirée en fin de journée. On le surnommait “Gentleman Jim” en référence à James Corbett, le champion de boxe poids lourd récemment défait par Fitzsimmons, alias “Fighting Bob”. Jim enfonça la porte de la chambre et, prenant Jay Cobb par le cou, le traîna au rez-de-chaussée avant de le jeter dehors.

Il resta étendu sur l'allée gravillonnée, nu, pendant que Vickie était soignée par ses collègues. Elles se massèrent ensuite sur un balcon et jetèrent vers lui, sur lui, une volée de jurons plus masculins que féminins, ainsi que ses effets personnels – ses sous-vêtements, ses bottes, sa chemise et, pour finir, ses revolvers. L'un d'eux le heurta de plein fouet. Il retrouva ses esprits. Il rampa jusqu'à son arme et entreprit de tirer en direction du balcon. Jay Cobb ne parvint à tuer aucune des filles, qui trouvèrent refuge derrière les balustres, ni même à en blesser une, mais il l'aurait fait s'il en avait été capable.

— Vous semblez en excellente forme aujourd'hui, dit-elle.

C'était la première fois qu'elle le voyait au lit pendant la journée.

— Je peux, dit-il avec un sourire, manifestement content de recevoir sa visite. Je suis bourré d'alcool et d'opium.

Elle s'approcha et jeta un coup d'œil à la fiole sur le secrétaire.

— C'est donc le laudanum.

Elle l'inspecta avec autant d'attention qu'elle l'aurait fait avec un sablier.

— Mais elle est presque vide. Vous en faudra-t-il davantage ? Je peux téléphoner au docteur.

— Non. Ça ira.

— Ça ira ?

— Ça suffira, oui.

— Oh.

— Asseyez-vous, s'il vous plaît, dit-il avec un geste du menton en direction du fauteuil, avant de changer de sujet. Avez-vous de nouveaux pensionnaires ?

Elle s'installa.

— Non. J'ai même passé une annonce dans le journal.

— C'est de ma faute.

— Peut-être. C'est sans doute aussi à cause des badauds dans la rue.

— Ils viennent encore ?

— Tous les jours. Au début, je pensais qu'il s'agissait des bons à rien de la ville, mais j'ai reconnu certains de nos meilleurs citoyens parmi eux. Les chats ont le droit d'admirer les rois, vous savez – qu'ils soient de race ou de gouttière.

— Thibido dit qu'il faudrait leur ouvrir la porte et leur faire payer l'entrée.

Elle sourit.

— C'est peu probable. Oh, tenez, j'oubliais la raison de ma venue. (Elle lui tendit une large enveloppe.) De la part de M. Skelly.

Il l'ouvrit et en sortit une photographie de 25 centimètres sur 20. Il la scruta.

— Mon Dieu, dit-il.

Elle se leva pour regarder par-dessus son épaule.

— Mon Dieu, répéta-t-il. C'est impossible.

Il était là, posant d'un air formel, debout devant le papier peint à fleurs, épaules droites, mains dans ses poches de pantalon pour écarter les pans de sa redingote et laisser entrevoir ce qui pendait dans les étuis de chaque côté de son veston. Ils étaient accrochés là, une crosse noire et une nacrée, assez ostensibles pour attirer la fortune. C'était un homme de taille moyenne. À ses tempes, les cheveux bruns étaient parsemés de gris, tout comme sa moustache qui s'affaissait aux coins de sa bouche. Mais ce fut le visage qui le choqua davantage. En bonne santé, ses traits avaient été fins, mais ils étaient aussi ravagés par la maladie que son corps. Il était cachectique. Sa peau, d'une teinte grisâtre, était étirée sur son crâne et faisait ressortir la protubérance hideuse des os de son front, de son nez, de ses pommettes et de son menton. Ses yeux s'enfonçaient dans leurs orbites et il était impossible de définir ce qu'ils regardaient, un ennemi, une quinte flush ou le progrès d'une civilisation dans laquelle il était devenu anachronique.

— C'est donc à ça que je ressemble, dit-il, catastrophé.

— C'est sans doute dû à la lumière artificielle, rétorqua-t-elle en guise de consolation avant de se rasseoir. Et peut-être au papier, aussi. Je suis plus habituée aux photographies sur plaques d'étain.

Books continua de l'examiner. Au bout d'une minute, il ouvrit le tiroir du secrétaire, y trouva un crayon de bois, retourna le portrait, inscrivit quelque chose au dos et le lui tendit.

— Pour vous. Tel qu'il est. Cela aura peut-être de la valeur, un jour.

— Eh bien, comme c'est gentil. Je suis sûre que oui. Mais n'y a-t-il personne d'autre à qui vous voudriez l'offrir ?

— Non.

Elle retourna le portrait. *Pour Mme Rogers avec mes compliments*, avait-il écrit avant de signer *John Bernard Books*.

Elle n'était pas certaine de pouvoir parler.

— Je suis désolé pour la bonbonnière, dit-il. Je me sentais mal et je l'ai joliment balancée. J'ai cassé beaucoup de choses, dans ma vie.

— C'est… ce n'est rien.

— Si. Je vous avais promis de ne pas être un fardeau. J'ai déjà tué deux hommes dans cette chambre, j'ai fait fuir vos autres pensionnaires et j'ai brisé une verrerie. Hostetler m'a dit qu'un matin, je me réveillerais et je serais incapable de sortir du lit. Eh bien, je vous promets de ne pas en arriver à ce point.

Elle se ressaisit.

— J'ai été ravie de voir que vous avez reçu la visite d'une femme, hier. Elle m'a demandé de ne pas l'annoncer – elle voulait vous faire la surprise. Avez-vous été surpris ?

— Oui.

Il la regarda d'un air de léger amusement.

— C'est aussi une caractéristique des chats.

— Comment cela ?

— La curiosité leur est parfois fatale.

— Si vous croyez que…

— Elle s'appelle Serepta Thomas, commença-t-il. J'ai vécu avec elle quelque temps, il y a onze ans. Elle m'a quitté pour un convoyeur.

— L'aimiez-vous ?

— À l'époque, oui. À présent, elle est bien fauchée. Elle m'a demandé de l'épouser.

— C'est elle qui vous l'a demandé ?

— Oui.

— Était-elle au courant de… enfin…

— Oui. C'est pour ça qu'elle m'a demandé. Elle voulait hériter de mon nom. Et de l'argent qu'elle pourrait en tirer. Dobkins, le journaliste, a retrouvé sa trace à Tucson et l'a convaincue de venir me voir. Il prévoit d'écrire un livre à mon sujet, un ramassis de mensonges, et de mettre le nom de Serepta sur la couverture. Madame J.B. Books.

— C'est abject ! s'exclama Bond Rogers

— Ce n'est pas pire que les autres. Je monte une véritable affaire, ces jours-ci. Skelly compte vendre mon portrait, le croque-mort prévoit de m'exposer au public. Contre paiement.

Elle était abasourdie.

— Vous ne… vous n'êtes pas sérieux !

— Si.

— C'est la chose la plus morbide, la plus dépravée que…

— Il y a cependant une consolation. Je vais être un sacré bon sang de spectacle, encore plus populaire mort que je ne l'ai jamais été vivant.

Elle hocha la tête.

— Les hommes. Et les femmes, aussi. Je ne sais pas où va le monde. N'en parlons plus.

— Très bien.

La journée était couverte, la chambre lugubre, et le silence qui régnait entre eux était assourdissant.

— Comment va votre garçon ? demanda-t-il.

— J'ai perdu tout contrôle sur lui, pour être honnête. Vendre votre cheval n'était pas seulement la chose la plus immorale qu'il ait jamais faite, c'était également un crime. J'en suis effarée.

Elle avait oublié comme il pouvait être réconfortant de discuter avec un homme. C'était un luxe dont elle avait été privée, ces derniers temps, et elle laissa couler les mots.

— Je n'arrive pas à le discipliner, je n'ai pas les moyens de l'envoyer ailleurs et s'il ne se repent pas rapidement, je ne pourrais plus supporter de vivre avec lui. J'ai de plus en plus de mal à voir mon fils en Gillom. Il m'est devenu étranger. Que feriez-vous ?

— Je vous l'ai dit. Si vous en avez la possibilité, donnez-lui un autre père. Le plus tôt sera le mieux.

Elle s'agita. Elle mourait d'envie de lui demander ce qui s'était passé entre eux au sujet de la vente du cheval, dans cette même pièce, après qu'elle les avait laissés ensemble, mais elle n'osait pas. La culpabilité lui enflamma les joues. Elle ne parvenait pas à effacer de son esprit l'image de Gillom dans le salon, à genoux, pleurant à chaudes larmes la perte d'un deuxième père, ni à se pardonner d'avoir été celle qui le lui avait révélé, d'avoir divulgué le secret qu'un homme à l'agonie lui avait confié.

— C'est encore un sujet que je préférerais éviter, dit-elle trop sèchement.

— Entendu.

Elle se sentait malheureuse. Elle chercha un moyen de se racheter.

— Il y a quelque chose que je voulais vous dire, monsieur Books. (Elle avait résolu de se montrer généreuse mais impersonnelle.) Après votre arrivée, après que vous avez pris la chambre, je vous ai traité d'assassin. Je le regrette. J'y ai beaucoup réfléchi. Je me rends compte à présent que, la nuit où ces hommes sont entrés par la fenêtre, ils étaient venus vous tuer, et vous étiez bien obligé de vous défendre, n'importe qui en aurait fait autant. Je veux dire, je me rends compte que cela a dû se produire maintes fois, vous ne provoquiez pas les querelles, il y a toujours eu des hommes déterminés à vous tuer. J'ai fait mauvais usage de ce mot, je m'en excuse. C'est quelque chose que je connais peu, j'ai toujours été très protégée, je n'ai jamais…

Elle était en proie à un désarroi évident.

— Au fait, madame Rogers, intervint-il. Mes vêtements sont plutôt crasseux. Pourriez-vous avoir l'obligeance de les brosser et de repasser ma redingote et mon pantalon ? Je vous dédommagerai pour le temps passé à la tâche.

— Oh, non, protesta-t-elle, reconnaissante d'un tel secours. Je serai ravie de le faire. Vous ne préféreriez pas qu'ils soient lavés ?

— Lavés ?

— Oui, il existe une nouvelle méthode appelée nettoyage à sec. Nous avons plusieurs échoppes à El Paso.

— Combien de temps cela prendrait-il ?

— Dans les publicités, ils annoncent un retour pour le lendemain. Et les vêtements ressortent comme neufs – c'est miraculeux. Pourquoi ne pas me les donner tout de suite ? Je les porterai moi-même et vous les récupérerez demain.

— Je dirais que c'est possible, répondit-il. Je ne compte pas sortir. Mais je ne vois pas…

Elle bondit sur ses pieds, les joues rouges.

— Je comptais partir, de toute façon. J'attendrai devant la porte et vous pourrez me les faire passer par l'entrebâillement.

— Très bien.

Elle prit le portrait, quitta la pièce et laissa la porte entrouverte. À voix basse, il se maudit de mettre tellement de temps à descendre du lit, à retirer son pantalon, à chercher sa redingote dans le placard, à atteindre la porte.

— Merci, dit-il.

— Je vous en prie.

Dès que la porte se referma, Books glissa la main dans l'enveloppe sur le lit, trouva les 50 dollars du photographe, qu'il dissimula dans le tiroir supérieur du chiffonnier. Puis il avança lentement, avec crainte, jusqu'au lavabo, jusqu'au miroir dans lequel il avait observé son reflet chaque jour en se rasant. L'homme dans le miroir et celui du portrait ne pouvaient pas être le même. Il avait été trompé, soit par le miroir, soit par l'appareil. Il scruta son reflet.

Le miroir l'avait trompé.

Il entendit s'ouvrir la porte d'entrée et Gillom Rogers, sans doute ivre, monta l'escalier d'un pas lourd. Minuit était passé depuis longtemps.

Il pensa : Je donnerais n'importe quoi pour qu'elle soit ici avec moi, pour lui parler. Si seulement je l'avais rencontrée onze ans plus tôt, au lieu de Serepta. Mais il est trop tard pour l'aimer, ou pour la laisser m'aimer. J'arrive en fin de course. Et puis, ce ne serait pas de l'amour de sa part. Ce serait de la pitié. Et je préfère être maudit que de susciter de la pitié, chez elle et chez n'importe qui d'autre.

Il reprit son journal. À l'exception des publicités, il restait peu de choses qu'il n'ait pas encore lues. L'une d'elles attira son attention. Il la parcourut deux fois :

> Crème fraîche,
> Crème pour le café,
> Crème pour le gruau,
> Crème pour la compote,
> Crème pour les glaces.
> Je livre désormais la crème par chariot, garantie bonne conservation 24 heures après livraison.
> Téléphone : 156

G.A. COBB
Propriétaire, Laiterie Missouri.

Un homme du nom de Steinmetz le fit demander le lendemain. Il était pauvrement vêtu et parlait avec un accent. Il brocantait dans San Antonio Street et pouvait acheter, dit-il, tous les effets personnels que Books souhaitait vendre, à condition qu'il n'en demande pas un prix trop “insensé”. Books lui fit sortir sa valise noire du placard afin qu'il en estime le contenu. Il y avait une chemise, un caleçon de rechange, deux paires de chaussettes, plusieurs mouchoirs, un ensemble de boutons de manchettes en or et un flacon de lotion tonique pour les cheveux, sans compter la valise elle-même.

— Z'est tout ?

— Oui, c'est tout.

— Mais fous zêtes tans la force de l'âche. Afoir vécu votre vie – et n'afoir rien…

— Je voyageais léger.

— Alors.

— J'ai une montre, dit-il en la lui tendant. Et mon nécessaire de rasage – rasoir, blaireau, tasse. Mais j'en ai encore besoin.

— Fous pourriez me les fendre maintenant, dit Steinmetz. Fous pourriez signer un reçu de fente et che viendrai tout récupérer plus tard.

Books tira l'extrémité de sa moustache.

— Et vous me payez tout de suite ?

— Pourquoi pas ?

— Combien ?

Steinmetz fit le calcul.

— Dix tollars ?

— Bon sang, pas question. Cinquante.

— Z'est trop.

— C'est une bonne montre. Une monture en or, un vrai diamant. Et c'est la montre de J.B. Books. Elle en vaudra le double, rien que pour ça, tout comme le reste, et vous le savez.

— Fingt tollars ?

— Cinquante. Pour l'ensemble.

— Z'est de beaux revolvers que fous zavez.

— Ils ne sont pas à vendre.

— Trente ?

— Cinquante.

Steinmetz se leva.

— Bonne chournée, monsieur Books.

Il s'inclina et sortit de la pièce.

Quelques secondes plus tard, on frappa.

C'était Steinmetz, le chapeau entre les mains.

— Z'est bien frai ? Que fous zêtes en train de mourir, monsieur Books ?

— Oui, c'est vrai.

Le brocanteur hocha la tête. Il semblait sur le point de pleurer.

— Afoir vécu si longtemps et afoir zi peu de choses. Che suis chuif. Che suis un étranger au Texas, parmi trop de *goyim*. Che suis arrivé il y a peu de temps du Fieux Monde, mais chai une femme, et chai teux fils, et ma boutique, et chai téjà un peu de terres, et de l'archent à la banque. Oui, che fous donnerai 50 tollars.

Books regarda par la fenêtre. Il ne savait pas s'il devait être vexé par la comparaison ou satisfait du prix obtenu. C'était par pitié que l'homme avait fixé cette somme, il en était certain – et Books s'était juré, à peine une nuit plus tôt, de ne tolérer aucune démonstration de pitié. La douleur lui brouillait l'esprit. Il avait désespérément besoin de 50 dollars. Ce n'était pas très cher pour toutes ses possessions, mais cela attribuait un tarif pitoyablement bas à sa fierté. Il la ravala.

— Vendu, dit-il.

Il pensa : Après-demain.

Accroupi, le regard rivé sur l'Indien fier au mur qui scrutait l'étendue sauvage d'un air triste, assis sur son mustang, Books se crispa et espéra que les chérubins en porcelaine le long du pot de chambre pourraient caresser leurs harpes et jouer un hymne joyeux en l'honneur de son habileté à pisser. Ils n'en firent rien. Sa vessie se contracta. Il avait dépassé le stade de la simple strangurie. Il ne pouvait plus uriner du tout.

Il pensa : Après-demain. Je commence à avoir des difficultés à marcher. Le bas de mon dos m'empêche de rester assis ou debout très longtemps. Pour la première fois aujourd'hui, je n'ai pas pu me raser. Ce soir, quand elle m'a apporté mon plateau du souper, je n'avais pas faim. Je ne peux pas avaler quelque chose par un bout sans pouvoir m'en débarrasser par l'autre bout. Si je compte partir avec mes bottes aux pieds et non pas dans un lit puant, ça se passera après-demain. Le laudanum devrait m'aider à tenir jusque-là. Si j'en demandais davantage à Hostetler, je risquerais d'être tenté de m'accrocher. Et puis, je commence à me préparer. Quand les bons citoyens d'El Paso feront la queue pour me regarder bouche bée, ils en auront pour leur argent. Beckum me donnera un air méchant, mes vêtements auront été nettoyés à sec. Passons donc à l'étape suivante. Un cadavre propre.

Il prit une serviette et un gant, s'approcha de la porte, l'ouvrit et écouta. La maison était silencieuse. Bond Rogers devait être endormie à cette heure-ci, et le garçon devait être dans Utah Street, marchant vers l'Enfer aussi vite qu'il pouvait.

Il boita dans le couloir obscur jusqu'à la salle de bains, alluma la lumière et fit couler de l'eau chaude dans la baignoire. Lorsqu'elle fut à moitié pleine, il ajusta la température avec de l'eau froide, puis s'adossa au mur pour s'extirper de ses sous-vêtements longs. Il se pencha, les deux mains sur le rebord de la baignoire, parvint sans savoir comment à y entrer et, grognant, plongea et s'assit dans l'eau jusqu'à la taille.

Il y avait du savon dans un portant et il se lava les endroits du corps qu'il pouvait atteindre. La chaleur du bain semblait apaiser la douleur et lui était à vrai dire plaisante pour ses parties génitales. Il s'inclina en arrière, appréciant cette sensation. Mais lorsqu'il se redressa, il se sentit affaibli. Il eut beau essayer, impossible de s'accroupir. Il était impuissant. Il geignit.

— Bond, gémit-il.

Elle ne l'entendrait pas, il était bloqué, loin de sa chambre et de son médicament. Il resterait assis dans le bain jusqu'à ce qu'il gronde comme un ours à l'agonie.

— Bond ! cria-t-il, paniqué. Bond !

Un bruit au plafond, elle qui jaillissait hors de son lit, et quelques instants plus tard, il put suivre ses pas empressés dans l'escalier.

La porte s'ouvrit. Elle portait une robe de chambre en flanelle rose. Ses cheveux étaient enroulés dans des bigoudis.

— Pour l'amour du ciel…

— Je n'arrive plus à me lever.

— John, pourquoi ne m'avez-vous pas demandé tout de suite de vous aider ?

— Parce que, nom de Dieu, je peux prendre mon bain tout seul !

— De toute évidence, non, vous ne pouvez pas.

— Je ne voulais pas que vous me voyiez.

— Vous croyez que je n'ai jamais vu d'homme ?

— Bon Dieu.

— Vous êtes-vous lavé le dos ?

— Mais comment je le pourrais, nom de Dieu ?

— Les hommes sont vraiment des enfants, dit-elle avant de s'approcher de la baignoire et de frotter le gant sur le savon. Penchez-vous en avant.

— Bon Dieu.

— Et arrêtez de jurer.

— Mais vous n'aviez jamais vu d'homme atteint d'un cancer.

— Eh bien, c'est chose faite. (Elle lui frotta le dos avec une force vengeresse.) Souffrez-vous ?

— En permanence, maintenant.

— Vous auriez dû me dire que vous vouliez prendre un bain.

— Je vous ai promis de ne pas être un fardeau.

— Chut.

Elle tira le bouchon de la bonde, déposa une serviette à main dans la baignoire afin qu'il puisse se mettre debout sans risque et, s'affairant, lui apporta une grande serviette pour lui sécher le haut du corps.

— Allons, prenez mes mains. Je vais vous hisser debout.

— Ne me regardez pas.

Ensemble, conjuguant sa force à elle avec le peu qu'il restait à Books, ils parvinrent à le mettre accroupi, puis debout, et elle l'aida à sortir avant de l'enrouler dans la serviette.

— Laissons vos sous-vêtements ici, dit-elle. Je les laverai ce soir et les étendrai, ils seront secs demain matin. Passez votre bras autour de ma taille. Je vais vous aider à regagner votre lit.

Ils chancelèrent dans le couloir jusqu'à sa chambre. Elle écarta les couvertures, retira la serviette et lorsqu'il se fut assis, puis allongé, elle les replaça sur lui.

— Le laudanum, marmonna-t-il.

Elle déboucha la fiole, la lui tendit, et il but.

— Bond, restez un peu avec moi, supplia-t-il. Jusqu'à ce que ce truc fasse effet.

— Très bien.

Elle s'installa dans le fauteuil à ses côtés. La seule lumière émanait faiblement de la salle de bains, à travers la porte ouverte. Ils apercevaient à peine leur visage.

— Oh, mon Dieu, soupira-t-il au bout d'un moment.

— Vous vous sentez mieux ?

— Oui.

La chambre était plongée dans un tel silence qu'elle percevait le tic-tac de sa montre sur le secrétaire.

— Je suis désormais dans un bien triste état, dit-il brusquement. La nuit dernière, je me disais encore que je n'accepterais aucune pitié, de personne. Et voilà que j'accepte tout ce qu'on me donne.

Elle prit conscience de ses bigoudis. Elle entreprit de les détacher.

— John.

— Quoi ?

— Vous vous apprêtez à… à faire quelque chose, n'est-ce pas ?

— Qu'est-ce qui vous fait croire ça ?

— Vous faites laver vos affaires. Vous prenez un bain. Vous épuisez votre laudanum.

— J'aurais aimé vous rencontrer des années plus tôt.

— C'est le cas, n'est-ce pas ?

— Oui.

— Il serait inutile de vous demander ce que vous prévoyez exactement.

— Ce serait inutile.

— Vous me faites peur. Mais je pense que j'aurais bien plus peur si je savais de quoi il s'agit.

— Sachez juste ceci. Ma vie n'aura jamais rien valu. Mais peut-être que ma mort, elle, si.

— Je vois. Puis-je vous demander un service ?

— Demandez toujours.

— Avant que vous… que vous ne fassiez ce que vous comptez faire… accepteriez-vous de rencontrer mon pasteur quelques minutes ?

— Pourquoi ?

— Il pourrait peut-être… il pourrait vous apporter un peu de réconfort, une oreille bienveillante. Un peu de paix.

— J'en doute.

— C'est tout de même possible. Le rencontrerez-vous, pour moi ? Je veux faire tout ce que je peux pour vous.

— Vous en avez déjà assez fait.

Elle glissa soudain au bas du fauteuil, s'agenouilla et posa la tête près de lui.

— Oh, John, je porterai votre deuil ! murmura-t-elle. Vous pensez que personne ne le fera… mais moi, si ! Je me souviendrai de votre force, de votre bonté et de votre courage ! Je me souviendrai de vous à jamais !

Elle pleurait. Il passa les doigts dans ses cheveux.

— Je parlerai à votre révérend, dit-il. À condition que vous fassiez une dernière chose pour moi.

— N'importe quoi !

— Après-demain. Quand vous me verrez dans mes vêtements du dimanche, je ne veux pas de larmes.

Elle pensa aux hommes armés, entrés par ces fenêtres dans l'obscurité, aux explosions comme des coups martelés à la porte du destin, au sang maculant ses tapis et d'ici quelque temps son cœur. Elle frissonna.

— Pas de larmes, Bond.

— C'est promis.

— Après-demain.

Mal rasé, torse nu, en sous-vêtements propres et en pantalon nettoyé à sec, assis sur son coussin écarlate, Books les reçut.

— Voici le révérend Henry New, monsieur Books, dit-elle. Révérend, je vous présente J.B. Books.

Ils échangèrent une poignée de main.

— Ravi de faire votre connaissance, monsieur Books.

— Pareillement.

— Je vous laisse, messieurs, dit Bond Rogers. C'était bien aimable à vous de passer, révérend.

— C'était mon devoir, madame Rogers. Merci pour cette opportunité.

Quand elle fut partie, Henry New s'assit sur la chaise en bois.

— Comment vous sentez-vous aujourd'hui, monsieur Books ?

— Aussi bien que l'on puisse imaginer.

— Je suis content de l'entendre. Et j'étais sincère avec Mme Rogers. Je suis vraiment heureux d'avoir l'occasion de rencontrer un homme de votre… de votre distinction. Un “tireur” ? Je crois que c'est le terme poli.

— On dit plus souvent “assassin”.

— Eh bien, c'est un peu trop cru. Je suis certain que vous préférez “tireur”. Le mot revêt une certaine élégance.

Books ne répondit pas.

— C'est une femme bien, Mme Rogers.

Books joignit les doigts vers le haut.

— Elle m'a dit que vous étiez… gravement malade.

— Je suis mourant.

— Je vois. Je regrette profondément de l'entendre. Mais vous n'êtes plus tout jeune. Nous pouvons au moins nous réjouir que Dieu vous ait accordé une longévité raisonnable. “Tu entreras dans la tombe en pleine vieillesse, comme on élève un tas de gerbes en son temps.”

Books s'était attendu à un homme plus âgé, un bonimenteur adepte de la Bible, un diacre qui radoterait et rugirait, frapperait le sol du pied, attraperait une âme errante par la peau du cou et lui ferait passer les Portes de Perles comme s'il s'agissait d'une porte battante de saloon. C'était le genre de prêcheur qu'il aurait pu supporter et qui lui aurait peut-être même apporté un brin de réconfort. À sa grande consternation, Bond Rogers lui avait envoyé un champion :

un homme d'à peine plus de trente-deux ou trente-trois ans, les yeux pétillants, les joues potelées, l'esprit tranchant comme un rasoir, un jeune impudent, un premier de sa classe à l'école des Saintes Écritures, qui pouvait dégainer ses citations de l'Ancien Testament aussi vite que Books pouvait dégainer de son gilet. Il poussa un grognement intérieur. Les effets de sa dernière gorgée de laudanum s'atténuaient. Il ne se sentait pas à la hauteur devant le révérend Henry New, ce matin.

— Croyez-vous en la vie après la mort, monsieur Books ?

— Je ne sais pas.

— Au Paradis ? À l'Enfer ?

— Je ne sais pas.

Henry New acquiesça. Il semblait satisfait.

— J'avoue que j'éprouve moi-même une certaine perplexité à ce sujet. Mais je sais une chose avec certitude. Je sais que Dieu existe. Je ne suis vraiment pas un dévot dans le sens désuet du terme, mais je sais, aussi sûrement que nous sommes assis ici ensemble, qu'Il existe et que je suis Son serviteur sur terre et que Sa sagesse est infinie. J'ai prié pour vous ce matin, monsieur Books.

— C'est bien aimable.

— Dès que Mme Rogers m'a téléphoné, je suis allé dans mon bureau. J'ai prié, d'abord, pour que Dieu Notre Père fasse preuve de compassion envers Son fils rebelle, John Bernard Books, et qu'Il lui pardonne ses péchés, qu'Il le prenne dans ce refuge auquel tous les hommes, petits ou grands, aspirent. Ce…

— Des péchés ?

— Je faisais allusion aux meurtres.

— Attendez, révérend. Je me suis déjà retrouvé dans une ou deux situations critiques, mais je n'en ai jamais été l'instigateur.

Son visiteur leva une main désapprobatrice.

— Ne débattons pas du passé, monsieur Books. Je me préoccupe aujourd'hui de votre avenir. J'ai prié ce matin, aussi, pour entendre la parole de Dieu. J'ai brusquement compris qu'avec l'appel de Mme Rogers, on m'accordait une occasion unique. Un homme approchant de la fin, un homme dont le nom était synonyme de débauche et de destruction – n'y avait-il pas un moyen pour que son malheur soit employé à des fins divines ? J'ai prié pour recevoir une vision, un signe de Lui. Et soudain, les écailles sont tombées de mes yeux ! Eurêka ! (Les yeux du révérend brillaient comme des chandelles.) Je me suis aussitôt installé à mon bureau, monsieur Books. J'ai écrit comme si une autre main dirigeait mon stylo !

D'une poche intérieure de son manteau, il brandit une feuille de papier pliée.

— Tenez !

— Qu'est-ce que c'est ?

— Une déclaration de J.B. Books. Qui sera lue par toutes les chaires du pays. Un témoignage à la gloire de la miséricorde de notre Dieu Tout-Puissant. Tenez, monsieur, lisez-le.

Books refusait de prendre le papier.

— Non. Racontez-m'en les détails.

Agacé, Henry New s'agita sur sa chaise.

— Eh bien, le texte est bref et sans détour et, si j'ose me le permettre, rédigé avec éloquence. Dans les grandes lignes, il…

Books fit la grimace.

— Les détails.

— Très bien. Vous vous repentez de vos mauvaises actions. Vous suppliez pour obtenir le pardon de Dieu. (À chacune de ses phrases, il tapotait le papier sur son genou d'un geste impatient.) Dans les grandes lignes, vous vous adressez à la jeune génération de ce pays. Vous l'exhortez à apprendre de votre exemple. À suivre les chemins menant vers le haut, plutôt que vers le bas. À pratiquer la continence, cultiver l'humilité, aimer la vertu. À tendre l'autre joue plutôt que recourir à la violence. À garder à l'esprit que les doux hériteront de la terre, et non les fiers. Et cætera. N'imaginez-vous pas l'efficacité que pourrait avoir un tel document sur les éléments plus jeunes et plus turbulents de notre population ? (Il baissa la voix, sur le ton de la confidence.) Si un Gillom Rogers, par exemple, entendait ceci et en tirait une leçon ? Je n'ai pas besoin de vous l'expliciter davantage. (Il lui tendit à nouveau le papier.) Je vous engage à le lire et à le signer, monsieur Books.

— Non.

— Comment ? Vous refusez ? Et pourquoi, monsieur ?

— Parce que c'est un ramassis de conneries.

Les joues potelées de Henry New s'empourprèrent soudain.

— Je vous demande pardon ?

— Je ne m'assieds jamais dos à une porte, continua Books, et je ne signe jamais quelque chose en quoi je ne crois pas.

Sourcils froncés, le révérend se rongea un ongle.

— Je ne peux pas croire que vous compreniez réellement les conséquences de votre refus, monsieur Books. Je vous ai apporté une dernière chance de reconnaître la gloire de Dieu, d'être un instrument de Sa volonté. De donner un sens à votre mort imminente.

— Un sens, grimaça Books. Depuis deux semaines, tous les fils de pute qui entrent dans cette chambre veulent tirer quelque chose de ma mort. J'en ai plus qu'assez.

— Oh, mais vous ne pouvez pas l'ignorer ! rétorqua le révérend. À chaque heure qui passe, il devient prudent pour vous de lever les yeux vers les collines. Si vous changiez d'avis et que vous décidiez de signer, je peux pratiquement vous garantir une rédemption absolue.

Une douleur violente submergea Books. Il avait avalé sa dernière dose de médicament une demi-heure plus tôt et il préférait être maudit que d'afficher son besoin d'en prendre une autre, aussi souffrant soit-il, surtout devant cet artiste de la foutaise.

— D'un autre côté, l'avertit New, si vous persistez dans le refus, je tremble de vous prédire les conséquences. Je vous mets en garde, monsieur – le sort de votre âme est peut-être en jeu. "Car Dieu fera passer toute œuvre en jugement, tout ce qui est caché, soit bien, soit mal."

Books ne parvenait presque plus à rester assis immobile. Sa colonne vertébrale craquait. Le poison dans son système propageait la chaleur dans ses membres. Il avait envie de gémir, de hurler, ou de plaquer ce pisseux de pasteur sur ses genoux et de lui coller une fessée pour lui faire passer l'envie de sainteté. Ses doigts tiraient les glands du coussin entre ses jambes.

— Je prends le risque, lâcha-t-il dans un souffle. Au moins, je verrai les cartes de mon jeu plus tôt que vous. Et je parie que j'ai une main aussi bonne que la vôtre.

Le révérend New rangea sa déclaration et se leva de sa chaise.

— Monsieur, je ne suis pas venu ici pour me faire insulter par un homme de votre acabit.

— Non… vous êtes venu pour me réconforter. Bon Dieu, sans blague ! Vous êtes venu saisir l'opportunité, avec votre tas de conneries !

New avança vers la porte. Il fit volte-face. À son grand étonnement, et avec un plaisir presque sensuel, il vit que les joues de Books étaient humides. Le révérend s'accorda un frisson d'estime de soi. S'il n'avait pas battu l'assassin à son propre jeu de bluff et de menace, s'il n'avait pas jeté ce Satan Incarné dans le puits de la contrition, il l'avait au moins réduit aux sanglots.

— Vous êtes perdu, monsieur Books, renifla-t-il. Je me lave les mains de votre sort.

— Oh, pasteur, s'écria l'ennemi. Si j'avais encore des forces, je botterais votre cul hypocrite hors d'ici !

— Sottises.

New réajusta sa cravate, observa avec un mépris infini les ruines de l'homme assis devant lui et jouant avec les glands d'un coussin.

— Au revoir, monsieur, dit-il. Je vous laisse à votre alcool et à votre opium.

— Et à ma mort ! sanglota Books. Vous me laissez à ma mort !

Il pleura doucement. Henry New était parti.

Il pensa : Demain.

Il lui avait fallu deux heures et deux longues gorgées de laudanum accompagnées de deux autres de whisky pour se remettre de la visite du révérend. Il savait désormais qu'il n'était pas loin de toucher le fond du puits, sur le plan physique et émotionnel. La maladie, la douleur, l'enfermement, la solitude avaient fini par avoir raison de lui. Il ne pouvait plus faire confiance à ce caractère d'acier sur lequel il avait toujours pu compter lorsqu'il s'était trouvé dans le pétrin pendant tant d'années chaotiques. Cela devait se passer demain. En début d'après-midi, il fit chercher Gillom Rogers.

— Ferme la porte.

Gillom obéit, scrutant l'homme sur le lit. Il n'avait pas vu Books depuis des jours. Il n'avait jamais vu pareil visage.

— Dis-moi. Quel est le meilleur saloon d'El Paso ? Disons, celui avec le plus de classe.

— Facile. C'est le Connie.

— Le Connie ?

— Le Constantinople. Il est flambant neuf. Oh, il est chic. Ils y ont mis un sacré paquet d'argent.

— Très bien. Alors dis-moi encore une chose. Tu connais un dénommé Pulford ?

— Bien sûr. Il est croupier à la table de pharaon du Keating's. Il paraît qu'il en a envoyé plus d'un au Royaume du Seigneur. Il est agile, il est rapide. Qu'est-ce que j'aimerais le voir contre Jay Cobb.

— Et Cobb ?

— Jay ? C'est un copain à moi. Il se cache en ce moment, mais je sais où le trouver.

— Il se cache ?

— Un peu, ouais. Thibido l'a laissé sortir du *juzgado* l'autre soir. Il est allé au Tillie Howard's, il s'est saoulé et a blessé une des filles, on l'a jeté dehors et il a essayé de tirer sur les autres filles. Thibido le recherche. Mais il ne l'aura pas debout, pas Jay. (Gillom se gratta les oreilles.) Pourquoi ?

— Y a-t-il un homme du nom de Serrano ?

— Le Loucheur ? Quel laideron ce doit être. Il vole du bétail. Je ne l'ai jamais vu de mes propres yeux, mais il traîne de l'autre côté du fleuve. Dites, à quoi ça rime, tout ça ?

— Je veux que tu fasses quelque chose pour moi. Pulford, Cobb, Serrano. Trouve-les. Va les voir tour à tour et dis-leur que je serai au Constantinople à 4 heures demain après-midi.

— Hé, dit Gillom en s'asseyant au bord de la chaise en bois. Hé.

— Mais ne leur dis pas que je les y ai tous conviés. Et n'en parle à personne.

— Oh, mon Dieu. (Gillom serra les bras autour de lui, enthousiaste.) J'ai pigé. Oh, bon sang.

— Quatre heures. Est-ce qu'ils sont au courant ?

— Que vous allez crever ? Tout le monde est au courant, en ville. Bon sang !

Gillom bondit sur ses grands pieds, trébucha et s'affala joyeusement sur le chiffonnier.

— J'ai pigé ! Ils vont vous éviter de le faire vous-même ! Ils vont le faire à votre place ! Oh, ça c'est chic !

— Le Constantinople.

Gillom posa le coude sur le chiffonnier.

— OK, je vais le faire. Ça sera peut-être difficile de retrouver la trace du Loucheur, mais j'y arriverai, et pas qu'un peu. Dites, qu'est-ce que je gagnerai à faire tout ça ?

— Qu'est-ce que tu veux ?

— Vous le savez.

— Eh bien ?

Gillom se lécha la lèvre au lieu de la mordre. Le goût de sa propre chair lui plaisait bien davantage, à présent.

— Je veux vos revolvers.

— Non.

— Non ? Alors envoyez quelqu'un d'autre. Envoyez Thibido. Envoyez ma mère. Vous n'avez pas le choix.

— Ne me demande pas mes revolvers.

— Je vous les demande pas, je les exige. Je pourrais vous les prendre tout de suite et vous n'arriveriez même pas à lever le petit doigt. Alors, c'est vos revolvers ou allez vous faire foutre, monsieur J.B. Books. Ou bien restez allongé là et mourez tout seul. Ou bien allez au Connie et faites crever de peur ces bons à rien. Avec votre tête, vous y arriveriez sans aucun doute.

Books ferma les yeux.

— Très bien. Ils sont à toi. Plus tard.

— Un peu, qu'ils sont à moi. Dès demain, environ cinq minutes après 4 heures. Peut-être même avant.

— Alors dépêche-toi, dit Books. Et n'essaie pas de m'arnaquer, fiston.

Gillom sourit.

— Bien sûr. Je ne veux surtout pas manquer de voir la tête qu'ils tireront. Oh, bon sang.

La journée se réchauffa.

Cet après-midi-là, il ouvrit les fenêtres et laissa le vent tiède agiter les rideaux, et il entendit une fois encore les roues du tramway au coin de la rue.

Deux hommes en nage, vêtus de salopettes, livrèrent la pierre tombale de Beckum, le croque-mort. Elle était couverte d'un tissu et Books prit garde de le retirer seulement après que Bond Rogers eut fait entrer les hommes et fut sortie de la pièce. Le marbre paraissait de bonne qualité et les inscriptions avaient été gravées selon sa demande : JOHN BERNARD BOOKS 1849-1901. Il demanda aux livreurs de la déposer contre le mur, et lorsqu'ils furent partis, il la recouvrit de sa redingote afin que Bond Rogers ne la voie pas.

Puis il sortit les Remington et les munitions du placard et, allongé sur le lit, nettoya ses armes avant de les recharger, insérant une balle dans la sixième chambre de chaque revolver.

Juste avant le souper, Gillom entra sans frapper et le trouva endormi, les Remington à côté de lui. Il avança à pas de loup jusqu'au lit, mais dès qu'il eut attrapé un des revolvers, Books se réveilla. Il leva la main. Gillom lui rendit l'arme.

— Pas encore, dit Books.

— Bientôt, dit Gillom.

Books installa un oreiller derrière ses épaules.

— Alors ?

— Je leur ai dit.

— Et qu'ont-ils répondu ?

— Pulford, rien. Jay, rien. J'ai dû traverser le fleuve jusqu'à Juárez pour trouver Serrano. Il a une femme et toute une flopée de gamins – ils rampaient partout. Je lui ai dit au Connie à 4 heures, demain après-midi. Et puis je suis parti de là en vitesse. (Gillom fronça les sourcils.) Le problème, c'est qu'ils n'ont pas dit un seul mot. Je sais pas s'ils viendront vraiment.

— Ils viendront.

— Qui vous le dit ?

— Ce sont des minables.

— Minables, sacré nom. Ils sont rapides. Je le sais pour l'avoir vu de mes yeux que Jay et Pulford le sont. Et le Loucheur est méchant comme une teigne.

— L'un d'eux joue aux cartes. Un autre conduit une carriole de lait. L'autre vole du bétail. Ce sont des moins-que-rien et c'est la meilleure chance qu'ils auront de se faire un nom. Ils viendront.

— Peut-être.

— Tu peux faire encore deux choses pour moi.

— Pas pour vous. Pour les revolvers.

— Fais venir un barbier ce matin. Et cire mes bottes ce soir.

Au clair de lune à travers les vitres, il plissa les yeux pour lire sa montre, cette montre déjà vendue à Steinmetz. Il était tout juste 1 heure passée.

Il pensa : Aujourd'hui.

Il tira sur la chaîne de la lampe, but à la fiole de laudanum et estima qu'il en restait trois doigts. Cela lui suffirait, bien que le liquide ne lui accordât désormais qu'un maigre soulagement. Il n'avait pas uriné depuis trente-six heures et il avait dormi cette nuit-là dans le fauteuil en cuir, par intermittence, de peur d'être incapable de sortir du lit le lendemain matin.

Il prit le *Daily Herald* du mardi 22 janvier 1901, le jour où il était arrivé à El Paso. Il avait tout lu de ce numéro, les huit pages entières, chaque article d'information, chaque publicité, chaque plaisanterie, chaque ligne de chaque chronique. Pour une fois, il avait puisé tout ce qu'il pouvait dans un journal.

Faute d'avoir autre chose à faire, il relut un article dans la colonne centrale de la première page, sous les gros titres :

> Londres, 22 janvier – Le Conseil Privé a rédigé une proclamation annonçant l'accession au trône d'Édouard, prince de Galles. Dans les appartements royaux de Buckingham Palace, les préparatifs vont bon train pour accueillir la cour. Les membres du Parlement s'organisent pour une assemblée extraordinaire. Les arrangements funéraires ont été planifiés. Les théâtres fermeront pour une durée d'une semaine au moins. Les couturiers et les tailleurs de vêtements féminins sont submergés d'annulations de costumes colorés et de commandes de robes de deuil. Les chapeliers font entrer d'importants stocks de rubans de chapeau en crêpe. Les papetiers se procurent des ensembles de correspondance à cadres noirs. Les marchands de tissus se sont également mis à l'ouvrage et croulent sous le travail. Des ordres ont été émis afin de définir la période de deuil dans les administrations, les services diplomatiques et consulaires, ainsi que dans les troupes armées de terre et de mer, sur le sol britannique et à l'étranger.

Il plia le journal et le plaça sur l'étagère sous le secrétaire.

Il pensa : Eh bien, Victoria, Son Altesse Royale, vieille dame, ma vieille, nous allons bientôt nous retrouver. Je ne ferai pas autant de vagues que toi. Je ne m'attends pas à ce qu'ils vendent beaucoup de tissu, mais il y aura peut-être une minute de silence dans les saloons. Je n'ai jamais lu comment un homme est censé se comporter en te rencontrant. Te faire le baisemain, sans doute. Mais tu sais reconnaître un gentleman quand tu en vois un, tu reconnais le sang bleu comme le tien. Je te montrerai mes revolvers, si tu veux, et nous boirons du thé en bavardant. Tu étais la dernière de ton rang, et ils m'ont dit, Dobkins et Thibido, que j'étais le dernier du mien, alors on a un sacré tas de choses en commun. J'ai lu dans le journal qu'ils se sont fait un paquet d'argent sur ton dos, quand tu as passé l'arme à gauche. Eh bien, ils essaient d'en faire de même avec moi. Ta vie a eu un retentissement considérable, j'imagine, et la mienne, aucun. Mais ma mort, si. Nous verrons ça bientôt. Peut-être que nous avons dépassé notre temps, peut-être que notre place à tous les deux est dans un musée – mais nous nous sommes accrochés à notre fierté, nous n'avons jamais vendu nos armes et ils diront, en parlant de nous deux, que nous sommes partis avec classe. Alors aujourd'hui, ma vieille, un poil après 4 heures de l'après-midi, au palace. Tu seras sur ton trente-et-un, Vickie, et moi aussi.

Décidant de boire en l'honneur de sa rencontre imminente avec la Reine, il se leva du fauteuil dans un grognement et marcha jusqu'au placard, ouvrit la bouteille, changea d'avis et vida le reste du whisky dans le lavabo. Il ferait en sorte que cette journée le voie se dresser fermement sur ses deux jambes.

Tandis qu'il se rasseyait et que la douleur diminuait, le troisième vers du poème se récita tout seul dans son esprit : "Il s'est nourri de miellée..."

Il pensa : Oh, je me suis nourri de miellée. Et le vin, et le whisky, et le champagne, et la viande tendre et blanche des femmes, et les beaux vêtements, et le respect des hommes forts, et la peur des faibles, et le retournement des cartes, et les bons chevaux, et le crissement des billets, et la fraîcheur des matins, et tout l'espace dont aurait pu rêver Dieu ou un homme. J'ai eu de bons moments. Mais les meilleurs instants étaient toujours après, juste après, le revolver chaud dans la main, la morsure de la fumée dans mes narines, le goût de la mort sur ma langue, le cœur haut dans la gorge, le danger derrière moi, et puis la sueur soudaine et le néant, et la sensation douce et fraîche d'être né.

Cinq

LE BARBIER s'appelait Gigante.

Il acquiesçait, souriait, acquiesçait, souriait, mais se trouvait incapable de prononcer le moindre mot. Il était terrifié. Quand, au cours du rasage, il appliqua une serviette froide au lieu d'une chaude et que Books lâcha un juron, il sursauta. Books lui avait demandé de lui tailler la moustache, les poils du nez et des oreilles. Après avoir coupé les cheveux longs du tireur, Gigante sortit un blaireau de la poche de sa veste blanche, fit tomber à terre les mèches sur les épaules de son client, se mit à quatre pattes, rassembla les mèches en tas sur la moquette, sortit un sac en papier d'une autre poche, poussa le tas de mèches dans le sac et, se relevant, serra le sac contre son torse.

— Combien vous dois-je ? demanda Books.

Gigante pouvait à peine parler.

— Un dollar.

— Vous m'en devez 10.

— Dix ?

— Pour ce sac de cheveux de J.B. Books. Vous le vendrez pour 20 dollars. Alors donnez-m'en 10.

Le barbier laissa tomber le sac, lui donna 10 dollars et ramassa le sac.

— Merci bien, dit Books.

— Merci, dit Gigante.

Il était midi. Il aurait aimé s'inspecter dans le miroir pour voir ce qu'avait fait le barbier, mais cela impliquait de se lever du fauteuil et de s'approcher du miroir, et il préférait économiser ses forces. Estimant qu'il restait assez de médicament pour lui permettre de tenir jusqu'à 2 heures, il vida la fiole. Il avait été incapable d'avaler la moindre nourriture depuis un jour et demi, et il avait dit à sa logeuse de ne pas s'embarrasser à lui préparer à déjeuner. Il s'allongea sur le lit.

Il entendit un bruit de sabots. Jaillissant d'un buisson, il braqua son Remington sur le cavalier et lui ordonna de lui jeter son portefeuille. L'homme était mince, âgé, et avait la main gauche en griffe, pliée en permanence au niveau du poignet, les doigts raides et écartés. Serrant les rênes, le cavalier fouilla dans sa chemise. Books agita son revolver en guise d'avertissement.

— Je suis pas armé, croassa le cavalier. Fais attention avec ce canon nickelé.

Il sortit le portefeuille de sa chemise et le lança. Le regard de Books en suivit la trajectoire et il n'aperçut pas le revolver antique à barillet qui apparut soudain dans la main valide du cavalier, ni n'entendit la détonation de la balle qui explosa dans son abdomen, perfora ses organes vitaux et, déviée par la colonne vertébrale, vint se loger et terminer sa course dans la cavité de la hanche gauche. Il lâcha son arme et tomba à genoux.

— Mon Dieu, tu m'as tué !

— Apporte-moi mon portefeuille.

— Je ne peux pas ! Mon Dieu !

— Apporte-le-moi, petit salopard, ou je t'en colle une autre dans le même trou.

Attrapant le portefeuille d'une main, pressant l'autre contre son ventre comme s'il s'agissait d'un tonneau débouché se vidant à gros bouillons, Books chancela jusqu'au cavalier et lui tendit son portefeuille.

— Merci bien, dit ce dernier en rangeant son arme et son portefeuille avant de reprendre ses rênes.

— Tu ne comptes pas me laisser en plan ici !

— Si. (Le vieux débris le scruta.) Mais je vais te rendre un service. T'as un mal de ventre dont tu risques pas de guérir. Tu peux agoniser ou mourir tout de suite. Si tu veux, je t'achève.

— Achève-moi !

— Si j'étais dans le même pétrin que toi, je me sentirais redevable. Je suis bon tireur et j'ai comme l'impression que t'es resté au sein trop longtemps.

Books recula, tomba une fois encore à genoux et se mit à sangloter comme un enfant. La bouche ouverte de stupéfaction. De la salive lui coulait sur le menton.

— Comme il te plaira, dit Main Tordue, faisant demi-tour pour repartir. N'essaie pas de braquer quelqu'un d'autre avant de mourir, fiston. T'es vraiment nul pour ça.

Ses pleurs et la bave sur son menton le tirèrent du sommeil. Il était 3 heures de l'après-midi, et non 2.

Il se hissa hors du lit et s'habilla aussi rapidement que le lui permettaient les dommages causés à ses entrailles par la balle du vieil homme.

Il revêtit la chemise blanche qu'elle avait lavée et repassée, et la cravate grise. De retour près du mur, il tira sur son pantalon, puis se rassit pour lutter avec ses chaussettes et les bottes en lézard noir que le garçon avait cirées.

Une fois cela terminé, il se tint devant le miroir et, sans reconnaître dans la glace l'inconnu livide qui prétendait être son proche parent, il parvint à passer un peigne dans ses cheveux et sa moustache.

Son gilet, qu'il récupéra dans le placard, pendait trop lâchement devant ses côtes. Les revolvers s'affaissaient. Il avait perdu tellement de poids. Il poussa un juron dans sa barbe et, ouvrant puis claquant les tiroirs du chiffonnier, il trouva une épingle à nourrice, retira son gilet, y imprima un pli maintenu par l'épingle, le revêtit une fois encore et fut satisfait. Il remonta le mécanisme de sa montre et la laissa tomber dans une poche de son gilet.

Puis il enfila sa redingote, découvrant ainsi la pierre tombale. Il ouvrit le tiroir supérieur du chiffonnier, en sortit l'argent caché là, le porta jusqu'au secrétaire et s'installa. Il y avait les 200 dollars de la vente de son cheval, les 50 du photographe, les 40 du croque-mort, les 50 de Steinmetz et les 10 du barbier. Il vida son portefeuille à l'exception d'un dollar – ce qui, avec les pièces de monnaie dans son pantalon, lui suffirait jusqu'à la fin de la journée, il en était certain –, il ajouta les billets à la pile sur le secrétaire et les recompta. Il arriva à un total de 532 dollars. C'était ce qu'il lui restait d'un demi-siècle d'existence : 500 dollars et des poussières. Il avait gagné bien davantage dans l'Oklahoma, une fois, avec une seule main, grâce à une paire de trois. Dans le tiroir du secrétaire, il sortit l'enveloppe et la feuille de papier qu'il avait demandées la veille à Bond Rogers, lui disant qu'il enverrait peut-être une lettre à un ami. Il s'appuya au secrétaire pour rédiger une note au crayon :

> Madame Rogers,
>
> Employez cet argent pour envoyer votre garçon à l'école. Assurez-vous que Beckum m'enterre correctement et qu'il installe ma pierre tombale. J'ai vendu mes affaires à un brocanteur, donnez-les-lui.

Il plia la feuille autour des billets avant de la déposer dans l'enveloppe, dont il lécha les bords pour la sceller et, se levant, il la plaça à la verticale contre le dossier du fauteuil.

Il avança au centre de la pièce. Levant le bras droit, il glissa la main dans sa redingote et dégaina le Remington de son étui gauche : une fois, deux fois, trois fois. Il ne cherchait pas la rapidité mais la fluidité du geste, le bras s'élevant dans un mouvement naturel, les doigts se repliant avec facilité et assurance autour de la crosse, le retrait sans heurt, le geste tout entier aussi spontané et instinctif que s'il avait sorti un cigare. Puis il en fit autant avec le Remington à son flanc droit : une fois, deux fois, trois fois.

Il alla au placard, prit son Stetson gris, en souffla la poussière sur les bords, reforma son pli, l'essaya et le retira.

Il souleva le coussin en velours écarlate qu'il avait volé dans un bordel de Creede, dans le Colorado, et marcha d'un pas lent vers la porte, y appuyant un instant le front, pris de vertige après l'effort. Sous son caleçon long, il était trempé. Il essaya de calculer combien de jours cette chambre lui avait fait office de foyer, mais en vain. Il jeta un œil sur le côté, vers le tableau encadré au mur. Le décor se composait d'une clairière dans une forêt et d'un étang placide autour duquel plusieurs nymphes agenouillées contemplaient leur reflet, juste assez vêtues pour révéler leurs charmes plutôt plantureux sous leurs vêtements diaphanes. Elles n'étaient pas seules. Depuis un buisson, un groupe de créatures mi-hommes mi-boucs les espionnaient, et avec leurs cornes, leurs sabots, leurs queues et leurs pattes poilues, ils lui paraissaient bien excités et prêts à bondir sur les nymphes dans l'intention de leur faire passer un sale quart d'heure.

Il pensa : Personne ne croira jamais que j'aie pu faire une telle chose et, Dieu m'en est témoin, je n'y croirai pas non plus.

Il quitta la pièce.

S'il s'était retourné et qu'il avait observé la pièce une dernière fois, il aurait peut-être remarqué l'ombre dans les rideaux de dentelle de la fenêtre ouest.

Il entra dans le Constantinople à 3 h 41, ayant marché furtivement dans les ruelles et les rues parallèles afin d'éviter de croiser le shérif et ses adjoints. Il voulait avoir le temps de se préparer. Du fait de son installation récente, le saloon avait encore peu de clientèle. Il n'y avait que deux hommes au bar, ainsi que le barman. Il s'approcha du comptoir, commanda un verre de whisky et l'emporta au fond de la salle, dans le coin gauche. Il se tint là, hésitant à s'asseoir sur l'une des trois banquettes installées dans l'angle de la pièce ou à une table. Il se rendit compte que les dossiers des banquettes risquaient d'obstruer son champ de vision, lui dissimulant peut-être même la porte d'entrée et la voûte au centre du mur du fond qui donnait sur la salle de jeu, aussi prit-il place à une table d'angle, devant les banquettes. De cet endroit, il aurait une bonne vue sur la porte d'entrée tout en gardant un œil, du moins en périphérie de son champ de vision, sur la voûte.

Il tâta la crosse de ses deux Colt, un étui attaché à sa cuisse gauche, l'autre à la droite. Il était prêt, peu importe ce que cela voulait dire. Au cours de ses vingt années d'existence, les connaissances qu'il avait accumulées en matière d'échange de tirs étaient maigres, tout comme dans le domaine des filles, des rois, de l'arithmétique, des vaches, des prières, des montagnes et de tout le reste, sauf peut-être dans l'art de dégainer, de faire tournoyer un revolver et de le manier avec précision, de haïr sa propre personne, de livrer du lait, de la crème et du beurre. Il toucha une pustule de son cou. Il n'aurait pas parié le moindre cent de la somme volée à son père que Books se montrerait à 4 heures, mais sa main tremblait tant lorsqu'il leva son verre, qu'il renversa quelques gouttes de whisky. Ce n'était pas de la peur. C'était un espoir presque enfantin – l'espoir que cette première occasion, peut-être la meilleure et sans doute l'unique occasion qu'il aurait jamais de se distinguer d'une manière ou d'une autre, ne lui échappe pas. Que ce célèbre assassin vienne comme convenu et que lui, Jay Cobb, l'abatte sur place.

Chapeau à la main, coussin sous le bras, il s'arrêta à l'entrée, face au salon.

— Madame Rogers, dit-il.

Elle se leva prestement du canapé. Elle l'y avait attendu, aveugle à tout le reste, les mains croisées sur les genoux, à compter les secondes à l'unisson avec la pendule, tout au long de l'après-midi.

— Comme vous êtes élégant, dit-elle avec un sourire.

— Merci. Vous aussi.

— Merci.

Ils maintinrent entre eux cette distance formelle qui s'avère parfois plus intime qu'une étreinte.

— Le nettoyage à sec, c'est… c'est bien, n'est-ce pas ? demanda-t-elle.

— Très bien. Mais ça sent fort.

— C'est à cause du naphte.

— Le naphte.

La pendule tictaqua. Elle savait l'effort qu'il avait dû produire pour s'habiller, pour quitter la chambre. Il la savait au bord des larmes, ces larmes qu'il lui avait interdites. En silence, chacun exigeait de l'autre un sacrifice et une grâce, ce qui était humainement impossible.

— Je vais boire un verre au saloon, dit-il, prenant l'initiative masculine. Ça fait longtemps que je ne suis pas sorti.

— Comme c'est bien, dit-elle en souriant. C'est vrai que cela fait longtemps. Et vous avez une belle journée pour en profiter. Il fait très doux. C'est ce que nous appelons communément un "faux printemps".

— Ah?

L'échange les réduisit une fois encore au silence. Les paroles qu'elle lui avait adressées le jour de son arrivée s'insinuaient en elle comme des vers dans l'obscurité de son âme. "Je suis contente que vous ne restiez pas longtemps, monsieur Hickok. Je crois que je ne vous apprécie pas vraiment." Et plus tard: "Vous êtes un individu brutal et tristement célèbre, dépourvu de décence et de bonnes manières." De son côté, il se souvint avec tristesse de l'avoir sous-estimée lors de leur rencontre. L'Ouest se peuplait de femmes comme elle, avait-il remarqué, et elles l'intéressaient autant qu'une fiente de hibou séchée. Piégé par les remords et les reproches, chacun s'en remit à l'autre.

Contre toute attente, il tendit la main.

— Bon après-midi, madame Rogers.

Leurs doigts se touchèrent mais ne s'entremêlèrent pas.

— Bon après-midi, monsieur Books.

Il ouvrit la porte et, pour la première fois depuis qu'il était parti en promenade avec la mère et le fils, sortit dans le monde.

Il cligna des yeux. La lumière l'aveuglait. Le vacarme l'assourdissait – le grondement d'un chariot, les voix, le sifflet du train dans le lointain. Il fut déconcerté. Il finit par mettre son Stetson et, tenant le coussin fermement sous son bras, il avança d'un pas prudent sur le porche jusqu'aux marches. Il fit une pause. Il devait les descendre. Il avait laissé la porte de la maison ouverte. Il ne pouvait pas gâcher ses forces en retournant la fermer. Il plissa les paupières. Il estimait l'angle de la rue à neuf toises. Faible comme il l'était, et trempé de sueur, endurant une telle douleur qu'il serrait les dents jusqu'à les faire grincer, il pouvait tout de même parcourir neuf toises.

Il descendit l'escalier – un et – deux et – trois et – quatre et – cinq; puis il fit une nouvelle pause sur le trottoir en bois. Il sentait sur sa nuque qu'elle l'observait derrière une fenêtre.

Il avança. Lorsque ses jambes se débloquèrent, lorsque résonna la cadence familière des talons de ses bottes sur les lattes du trottoir, lorsqu'il fut convaincu de pouvoir parcourir ces neuf toises, il s'ouvrit aussi grand qu'il avait ouvert la porte de la maison et laissa le monde entrer en lui. La journée était gaie. Un souffle d'air tropical arrivait du Golfe du Mexique portant avec lui des arômes d'épices et cette journée en plein désert dégageait un parfum et une sensualité qui lui donnaient envie de crier, non de douleur mais de ravissement. D'aussi loin que remontaient ses souvenirs, il n'avait jamais connu si bel après-midi. Il avait la sensation de n'avoir jamais été aussi vivant.

Il atteignit le coin de la rue en deux coups de cuillère à pot, du moins c'est ce qu'il crut, et il attendit là, acquiesçant d'un air approbateur devant sa prouesse, comme le font les vieillards.

Une fillette, rubans dans les cheveux, trotta au milieu de la rue en faisant rouler un cerceau devant elle.

— Bonjour, madame, dit-il en soulevant son chapeau avant de s'incliner.

Elle rattrapa son cerceau et le dévisagea, puis poussa un cri étouffé et s'enfuit, effrayée, agrippant son jouet. C'était son visage cachectique.

Il attendit et écouta. Au bout d'un moment, cela lui revint, le son aigu du métal contre le métal, comme le tintement d'une cloche, bien plus fort à présent, et plus proche.

Gillom Rogers franchit le rebord de la fenêtre ouest et alla droit au fauteuil. Il déchira l'enveloppe, déplia la feuille de papier. Il lut le mot adressé à sa mère. Il compta l'argent et sourit. Puis, plaçant les billets dans sa poche de pantalon, l'enveloppe et la lettre dans une autre, il repassa par la fenêtre et longea l'arrière de la maison, tourna et se posta à un endroit d'où il pouvait espionner l'angle de la rue et l'homme qui s'y tenait.

Serrano, ou *El Tuerto*, ou Le Loucheur comme on le surnommait plus souvent, pénétra dans le Constantinople à 3 h 51 en compagnie d'un homme répondant au nom de Koopmann. Il y avait un client au comptoir, en plus du barman, et un gamin boutonneux arborant deux revolvers, assis à une table devant les banquettes dans le coin gauche au fond du saloon. Serrano et Koopmann entrèrent et commandèrent un verre. Le barman se montra tout juste poli, indiquant par son attitude que le Constantinople était habitué à servir une clientèle de plus grande classe. En d'autres circonstances, les deux hommes auraient sans doute pris ombrage d'un tel affront mais ce jour-là, ils avaient d'autres chats à fouetter.

Serrano s'installa à une table en plein milieu de la salle, dos au mur. Koopmann s'assit à ses côtés. Le Loucheur sortit un Peacemaker de sa ceinture et le posa sur ses genoux tandis que Koopmann l'imitait avec un Colt Navy. Depuis quelque temps, Koopmann s'était associé à Serrano qui s'était assuré ses services cet après-midi-là à des fins matérielles et personnelles. Si Serrano était descendu, avait-il décrété, lui, Koopmann, serait incapable de voler du bétail tout seul, aussi avait-il à cœur de voir Serrano conserver sa santé et sa sagacité. Les raisons d'*El Tuerto* étaient tout aussi logiques. Des gringos, propriétaires de bétail, lui avaient récemment annoncé leur intention de le tuer s'il ne parvenait pas à tuer J.B. Books ou si J.B. Books ne le tuait pas. Et puisqu'il ne voulait pas prendre le risque d'être tué par J.B. Books – qu'importe la condition physique ou morale du célèbre tireur – ni par les gringos non plus, il avait annoncé son intention de tuer Koopmann s'il ne l'aidait pas à tuer J.B. Books.

Ils sirotèrent leur whisky. Koopmann, un grand homme rasé de près, portait des bretelles à fleurs et un chapeau melon. Serrano surveillait la porte d'entrée de son œil droit et son œil gauche, celui qui louchait, observait Jay Cobb.

Le tramway tourna à l'angle du pâté de maisons et, comme une petite embarcation sur une rivière paresseuse, glissa dignement vers lui, tracté par une mule somnolente baptisée Mandy par tous les habitants d'El Paso. Le tramway n'était pas grand, ne pouvant contenir que douze passagers, et il était peint d'un jaune criard agrémenté d'une bande et d'un lettrage noir : TRANVIAS DE CIUDAD JUÁREZ au-dessus du pare-brise, un numéro 1 au centre et EL PASO & JUÁREZ sur le flanc. La sortie s'effectuait sur une plate-forme à l'arrière, l'entrée à l'avant, après deux marches jusqu'à la cabine où un matelot, le conducteur, était assis sur un tabouret à trois pieds, un sombrero lui dissimulant les yeux, les rênes dans une main, la caisse à ses côtés.

Comme s'il savait que Books voulait monter à bord, le tramway s'arrêta. Books grimpa sur la plate-forme, remarqua la boîte affichant “5¢”, récupéra une pièce de monnaie dans sa poche et la glissa dans la fente pour payer son voyage.

— Je veux me rendre au Constantinople.

C'était trop de syllabes pour le conducteur, un Charon d'un âge avancé ayant passé d'innombrables années derrière la mule.

— Le Connie ?

— Ah. Le Con-nee. *Si, señor.*

Books entra dans la cabine et déposa son coussin sur le banc avant de s'installer. Il n'y avait pas d'autre passager. Le conducteur claqua la langue, le tramway se remit en route.

Il n'était jamais monté à bord d'un tramway et, s'il n'avait pas tant souffert, il aurait apprécié ce moyen de transport moderne. La mule avançait d'un pas lent, la voie était lisse, le roulement des quatre roues en acier sur les rails produisait un son monotone sans être déplaisant. Sur son siège, le conducteur somnolait, les rênes dans les mains, reposant sur la certitude paisible qu'aucun fiacre, aucune bicyclette ni aucune excentricité de la nature ne viendrait ralentir l'exécution lente mais sûre de son parcours défini. On aurait dit le printemps, mais ce n'était pas le cas, car les mûriers bordant la rue ne bourgeonnaient pas encore.

La voiture s'arrêta et une passagère monta, paya son ticket et s'installa près de Books, dans l'autre rangée. Elle était délicate et blonde, vingt-cinq ans environ, et il pensa aussitôt qu'elle était la femme la plus jolie qu'il ait jamais vue. Il se tourna et posa un coude contre la fenêtre pour mieux l'admirer. Ses lèvres étaient couvertes d'un léger voile humide ; sous le regard de Books, ses cils battirent comme des ailes. Elle portait une longue robe de soie couleur lavande à manches ballon. De la dentelle blanche moussait de son décolleté jusqu'à son cou et ornait également sa jupe. Elle croisa les jambes, lui laissant à peine entrevoir un bas blanc, une cheville ronde et des bottines blanches à boutons. Un chapeau de paille blanche décoré d'œillets mauves éclos agrémentait ses tresses blondes. Elle tenait une ombrelle blanche que jamais aucune goutte n'effleurerait. Elle aurait pu être la fille chérie de la famille la plus influente de la ville, ou le bijou le plus cher d'une maison close – impossible à dire. Pour un observateur avisé, l'hématome pâle sur sa joue pouvait altérer sa beauté, mais à peine seulement.

À un pâté de maisons de là, Gillom Rogers suivait le tramway et maintenait la distance en conservant une allure régulière.

L'après-midi était chaud pour la saison, aussi les portes étaient-elles ouvertes ; Jack Pulford s'arrêta net à l'entrée du Constantinople.

Le barman le regarda, puis il regarda Jay Cobb, puis Serrano et Koopmann, puis Pulford à nouveau, et prenant soudain conscience qu'un événement colossal était sur le point de se dérouler dans ses locaux, il s'immobilisa, verre à la main, chiffon dans le verre.

Le joueur se tenait presque au garde-à-vous. Le Constantinople était un établissement neuf, les prix y étaient plus élevés qu'ailleurs et il s'était attendu à s'y trouver seul, à l'exception du barman. Les trois clients le dévisagèrent et le reconnurent. Il les regarda. Il ne reconnut pas le petit dur aux deux revolvers, ni l'homme au chapeau melon. Il identifia Serrano. Il repéra leurs positions par rapport à la porte derrière lui, à la voûte arrière, les uns par rapport aux autres. Il réfléchit. La sagesse lui murmurait que la prudence était toujours la meilleure partie de la vaillance, mais l'instinct lui criait de tourner les talons et de sortir tant qu'il était encore temps. Au lieu de cela, il fit son choix, effectua quelques pas à gauche et s'installa sur une chaise à une table de devant afin de pouvoir balayer du regard la pièce tout entière.

Afin de masquer son appréhension, il examina ses ongles. Il lissa une manche de sa chemise en soie blanche. Il hésita, puis décida de ne pas commander à boire. Il sortit et rengaina son Smith & Wesson contre sa hanche droite, eut conscience de la moiteur de ses paumes, ce qui le fit cogiter. Jack Pulford était venu au Constantinople de son propre chef. Il avait eu le sentiment que ses paroles prononcées plus tôt, motivées par ce qui lui semblait être une prétention justifiée, ne lui avaient laissé aucun choix. “Voilà un homme, avait-il dit à toute une table de joueurs de pharaon en parlant de J.B. Books, que j'aurais pu battre.” Et quand le gamin Rogers lui avait fait part du défi lancé par Books devant une autre table pleine, il s'était trouvé piégé comme dans une trémie à bétail : relever le défi ou la fermer, faire honneur à ses propos ou ramper. Mais la nuit dernière, considérant les motivations de Books et essayant de deviner sa carte maîtresse, il avait fini par comprendre le jeu entre ses mains. Ce qu'il avait reçu n'était pas un défi mais une invitation, une supplique presque, un appel à l'aide. Books semblait lui dire : Écoute, je vais bientôt tirer ma révérence et encaisser ma mise, jeton après jeton, et ça me dégoûte de précipiter l'affaire tout seul, alors retrouve-moi demain à 4 heures et fais le travail pour moi. J'ai entendu dire qu'il n'y a pas de meilleur homme dans l'ouest du Texas pour cette tâche. Alors retrouve-moi à 4 heures, Pulford, et inscris ton nom dans les livres d'histoire. Personne ne se souviendra que j'étais au bord de la tombe, personne ne s'en doutera. Tout ce dont ils se souviendront, c'est que J.B. Books a affronté un certain Jack Pulford dans un saloon d'El Paso en 1901 et qu'il a été tué. C'était ça, c'était la raison, s'était-il convaincu. Que pouvait désirer un homme mourant, à l'exception d'une bonne dose charitable de plomb ?

Il était donc arrivé selon l'invitation, prêt à accomplir sa tâche, et voilà ce qu'il trouvait – un jeu de cartes marquées comme il n'en avait encore jamais vu. Si Books ne voulait qu'une exécution, pourquoi agrandir ainsi la liste des invités, pourquoi convier un idiot de morveux à deux revolvers ou des minables comme le Loucheur ou Chapeau Melon ? De toute évidence, ils attendaient 4 heures, comme lui. Cela n'avait aucun sens.

Il sortit sa montre. Il aurait bientôt la réponse. Il était 3 h 55.

Jack Pulford tira sur ses manches de chemise. Le Constantinople était parfaitement à son goût. D'ici un jour ou deux, décida-t-il, il chercherait qui avait financé un tel établissement et demanderait combien ils paieraient un croupier de pharaon de son envergure.

Il jeta un coup d'œil aux trois autres, dédaigneux. Il pouvait plumer n'importe qui, c'était son métier, mais quand il s'agissait de jouer gros, d'une question de vie ou de mort, il appréciait la compagnie de ses semblables.

Le tramway s'arrêta. Le conducteur pointa l'index vers l'autre côté de la rue.

— Le Con-nee, dit-il.

— Merci.

Books essaya de se lever et de soulever le coussin écarlate sans avoir à se pencher, mais n'y parvint pas. Une fois sur ses pieds, il plia les genoux, le ramassa et l'apporta jusqu'au conducteur à la plate-forme avant.

— Pour vous, dit-il.

Le Mexicain ne comprit pas ses intentions. Books fit un geste vers son siège.

— Ah!

Le conducteur accepta le coussin, le plaça sur le siège et se rassit en souriant.

— *Es muy grande! Gracias, señor!*

Books se tourna et retraversa la voiture vers la plate-forme de sortie. Mais au lieu de dépasser l'adorable jeune fille en mauve et blanc, il fit une pause et souleva son chapeau. Il chancelait.

— Accepteriez-vous de vous lever, madame? demanda-t-il.

Elle avait eu conscience de son admiration au cours du trajet, l'avait regardé offrir le coussin au conducteur, et elle l'observait bravement pour la première fois, détaillant son visage, le visage qui avait fait fuir une fillette. Elle prit une profonde inspiration et se leva. Ses yeux s'embuèrent.

Elle savait.

Il la prit dans ses bras et lui donna un long baiser ardent. Ses clients, jeunes et vieux, innocents et corrompus, la payaient en échange de ses faveurs, mais elle passa ses bras autour de lui de son propre gré, comme pour lui offrir ce qu'elle pouvait en récompense de sa virilité, son dernier cadeau, pensait-elle.

Il la relâcha et marcha d'un pas ivre vers l'arrière du tramway, vers la plate-forme, il mit son chapeau avant de descendre, un et deux, et il sentit la terre sans âge sous ses bottes.

Il était 3 h 58.

Il pensa : Je vais me faire attendre un peu. L'après-midi est si agréable.

Il s'adossa contre un bâtiment en briques, l'un des plus grands de la ville, le Myar Opera House récemment achevé. À côté, une affiche encadrée annonçait un concert le soir même par l'Orchestre Symphonique d'El Paso. Le programme inclurait, lut-il, des morceaux choisis de *The Bohemian Girl* de Balfe, d'*Intermezzo Sinfonico* de Mascagni, et l'ouverture d'*Alessandro Stradella* de Von Flotow.

Il pensa : Quand j'entrerai là-bas, ils penseront qu'il y aura beaucoup à gagner en me tuant. Ils auront tort. Tarrant possède déjà mon cheval et ma selle. Le barbier a acheté mes cheveux. Le brocanteur aura ma montre et mes autres effets, le gamin récupérera mes revolvers. Le photographe a mon portrait. Mon cancer et mon cadavre reviendront à Beckum. Mais le journaliste n'a pas eu ma réputation. Serepta ne vendra pas mon nom. Et le révérend est reparti sans mon âme. J'ai donc conservé ce qui avait de la valeur. Ils auront peut-être raison, en fin de compte, tous les trois. Il y aura beaucoup à gagner en me tuant.

Au bout de la rue, caché dans l'embrasure de la porte d'une petite usine de cigares, Gillom Rogers attendait et observait. De temps à autre, il touchait la poche de son pantalon comme pour s'assurer que l'argent s'y trouvait toujours.

Un éclair de douleur traversa les hanches de Books de part en part. Il fut frappé par une crise d'une telle intensité que ses genoux se dérobèrent et qu'il fut contraint de griffer le mur de briques derrière lui pour ne pas tomber, de serrer les dents pour ne pas hurler en pleine rue. En contrepoint de sa douleur, les quatre vers chantèrent dans son esprit en un tempo et une harmonie parfaits : "Tissez un cercle autour de lui trois fois / Fermez vos yeux frappés d'une terreur sacrée / Il s'est nourri de miellée / Il a bu le lait de Paradis."

Il pensa : Bien. J'ai cinquante et un ans et j'ai enfin appris un peu de poésie.

Il regarda sa montre une fois encore. Il était 4 h 02. Il s'adossa à la brique, se redressa et serra les bras contre son flanc, tout près, jusqu'à sentir la camaraderie de ses revolvers. Puis, au soleil de sa fierté, à l'ombre de son agonie, J.B. Books traversa la rue et entra dans le Constantinople.

Six

Il pensa : Laisse-les regarder bouche bée. Laisse-les conclure que tu t'en contrefous.

C'était l'endroit idéal. Le Constantinople avait bien plus de classe que tous les saloons qu'il avait jamais vus, et il mériterait d'être célèbre. La salle de bar était longue avec un plafond de six mètres d'où pendaient quatre ventilateurs à trois pales qui tournaient lentement, rafraîchissant la pièce par cette chaude journée, et sans doute actionnés par l'électricité. Le sol était une mosaïque de carreaux verts et blancs. Les éléments en bois – comptoir, tables, chaises et banquettes – étaient acajou rouge poli, décorés de gravures intriquées aux motifs mauresques. Le comptoir mesurait quelque dix mètres de long, et sur des étagères devant le miroir fixé au mur étaient disposés sur plusieurs niveaux des verres scintillants de toutes formes et de toutes tailles pour le whisky, la bière, le champagne, le vin et les liqueurs. La caisse brillait, tout comme le rail au pied du bar, comme les crachoirs et les éléments de l'éclairage en forme de grappes de raisin en verre. Chaque table était incrustée de coquillages et de perles dessinant des étoiles et des croissants de lune. Au-delà du bar, devant la voûte qui menait à la salle de jeu, se trouvait une table de billard. À droite derrière la porte, une cabine en acajou était fermée par une porte en verre dépoli et des lettres dorées indiquaient TÉLÉPHONE.

C'était cependant les fresques murales, leurs sujets et leurs tailles, qui stupéfiaient. Elles couvraient tous les murs, au-dessus du bar, de la voûte, et l'intégralité de la paroi gauche. Elles représentaient, en couleurs éclatantes et en une perspective totalement ahurissante, des scènes exotiques à l'autre bout de mers exotiques. On y voyait des dômes et des mosquées, des caravanes de chameaux et des pyramides, des cavaliers agitant leurs cimeterres, des minarets, des palmiers, des sphinx, des tombes, des danseuses au nombril aussi grand qu'un couvercle de boîte de conserve et aux seins pendant comme des jambons sur des crochets, des tentes, des oasis au milieu de sables brûlants, des boutres sur des rivières, des batailles poussiéreuses. Le Constantinople avait de la classe, effectivement, mais Books émettait quelques réserves quant aux fresques. Elles étaient l'œuvre d'art d'un génie de la Frontière payé en alcool ou en opium et qui, lorsqu'il avait eu fini de peindre ses visions et reposé son pinceau, était devenu opiomane ou ivrogne indécrottable. Elles crachaient au visage de la raison. Elles bottaient le cul de l'art.

Il pensa : Eh bien, ce n'est pas l'endroit où je me trouvais qui comptera. C'est ce que j'y aurai fait.

À cet instant seulement, après avoir observé à l'envi, à cet instant seulement, Books remarqua la présence des autres clients. Il identifia Jay Cobb par sa jeunesse, Serrano par sa laideur crasse, Pulford par ses vêtements et ses mains de croupier. L'homme aux bretelles à fleurs et au chapeau melon, l'acolyte du Loucheur, lui était inconnu. Il les dévisagea l'un après l'autre. Il ressentait l'admiration qu'ils lui vouaient et leur malaise. Ils connaissaient les raisons de sa venue, ou ils pensaient les connaître, mais aucun des trois intéressés, Cobb, Serrano et Pulford, ne comprenait pourquoi, bon Dieu, les deux autres se trouvaient là. Et à leur tour, ils le dévisageaient, attendaient, immobiles, le regard fixe. Ils étaient pareils à des acteurs sur une scène vide, tous les cinq. Le rideau s'était levé, l'heure était venue. Mais ils n'avaient aucun public, à l'exception d'eux-mêmes, et plus déconcertant encore, ils n'avaient aucune pièce à jouer. Ils étaient rassemblés là afin de jouer des rôles pour lesquels aucune réplique n'avait été écrite, afin de participer à une tragédie qui ne dissimulait aucune intention créative évidente, afin d'imposer un ordre meurtrier dans cette absurdité.

Books leur donna le signal. Il avança vers le centre du comptoir, les talons de ses bottes claquant sur les carreaux, et il leur tourna le dos.

Le barman se glissa le long du comptoir jusqu'à lui, marchant sur des œufs. C'était un grand échalas surnommé "Mount" Murray, et il était passé de l'Acme au Constantinople quand ce dernier avait ouvert. Les salaires y étaient meilleurs, l'ambiance plus collet monté. Murray avait remarqué leurs entrées, d'abord les quatre hommes, puis celui qui devait être J.B. Books. Impossible d'imaginer ce qu'il s'apprêtait à voir, mais il savait déjà que ce serait un massacre et son instinct tout entier lui hurlait qu'à terre, sous la table de billard, ou n'importe où dans cette satanée salle, l'endroit serait toujours sacrément dangereux.

— Monsieur ? demanda-t-il.

— Je prendrai un verre de vin blanc, dit Books.

— Bien, monsieur.

Le barman versa la boisson et lorsqu'il posa le verre sur le comptoir, Books déposa son billet d'un dollar. Murray ne sembla pas le voir. Il détourna le visage et marcha à grands pas le long du bar, longea la table de billard et franchit la voûte avec autant de dignité que le lui permirent ses jambes d'échassier.

Books était seul. De la main gauche, gardant la droite sur le comptoir près de l'ouverture entre les pans de sa redingote, il sirotait son vin. Il faisait face au miroir où se reflétait tout le panorama de la pièce derrière lui, ainsi que ses occupants.

Il pensa : Regarde bien, Victoria, regarde bien. Nous sommes en train de nous jauger, c'est un terme qu'on emploie au poker, un jeu de cartes, mais d'ici quelques secondes, l'un d'eux va placer un pari. L'un d'eux, Votre Majesté, va prendre l'initiative.

Il attendait, scrutant la salle dans le miroir à travers la douleur opaque, et il parvint enfin à accepter l'horreur de son allure. C'était le visage que le monde verrait le lendemain chez le croque-mort après avoir payé 50 cents. Ils en auraient pour leur argent, le lendemain. Et la nuit suivante, ils en auraient des cauchemars.

Il pensa : Je ne sais pas d'où cela viendra ni ce qui se passera, mais eux non plus. Nous partons donc tous à égalité. Non, pas à égalité, ils sont en bonne santé et pas moi. Mais j'ai un avantage : eux ont envie de vivre.

Le silence régnait au Constantinople. Et pourtant, un souffle transperçait le silence, une respiration discrète et régulière. Elle venait des ventilateurs qui tournaient lentement au-dessus, brassant l'air angoissant et vicié.

Il pensa : Très bien, bande de fils de putes. Je vous ai donné votre chance, alors donnez-moi la mienne. Donnez-moi un sens. Allons-y.

Se levant de la table dans le coin gauche au fond de la salle et renversant sa chaise, Jay Cobb dégaina le Colt de sa cuisse droite, le braqua en direction de J.B. Books et tira trois fois.

La première salve manqua sa cible. Elle heurta la caisse, arrachant la première rangée de touches sur la machine avant de ricocher vers le plafond.

Son mouvement en déclencha un autre. Serrano tira aussitôt son Peacemaker de sous la table et pivota sur sa chaise. Dans l'intervalle entre le premier coup de Cobb et son deuxième, le Loucheur visa le jeune homme au torse.

Cobb fit claquer une deuxième salve sur Books en s'affalant sur la table, et une troisième en se tortillant à terre, à l'agonie.

Son deuxième coup atteignit le miroir derrière le comptoir. Un éclair d'étain s'y dessina de part en part. Sa troisième balle fit exploser les étagères de verres en une fontaine de lumière phénoménale. Une cascade d'éclats tinta sur le sol et le comptoir.

Les balles à faible vitesse initiale ont de graves conséquences lorsqu'elles sont tirées de près par des gros calibres, .38 et .45. Serrano avait logé une balle dans la cage thoracique de Jay Cobb par le flanc droit à une distance d'à peine trois mètres. Après avoir percé l'os et pénétré dans la cavité thoracique, la balle avait ricoché dans le lobe inférieur du poumon gauche, l'avait déchiqueté avant de ressortir à l'arrière par le côté gauche du torse, creusant un trou gros comme le poing. Elle avait pénétré et traversé le corps avec une telle force que des éclats d'os et de chemise furent retrouvés collés à la fresque murale le lendemain, ainsi que des morceaux de poumon d'une teinte rose et grisâtre.

Jay Cobb était étendu à terre, immobile. Il n'était pas mort pour autant.

Le Constantinople n'était pas prévu, en termes d'acoustique, pour les armes à feu. Les explosions furent amplifiées, mais également prolongées. Elles rebondirent à grand fracas d'un mur à l'autre, jaillirent du carrelage au sol jusqu'au plafond pour redescendre à nouveau. Elles se répercutèrent, lancèrent un écho après l'autre à travers le saloon. Elles eurent un effet terrible pour les oreilles.

Il y eut un entracte.

Books, le dos tourné, n'avait pas bougé. Il ne s'était pas non plus permis d'être surpris par le fait que Serrano avait choisi de tirer sur Jay Cobb plutôt que sur lui. Se laisser surprendre pendant un duel, avait-il appris depuis longtemps, revenait à mourir.

Il termina son verre. Puis il longea le comptoir jusqu'à l'extrémité côté rue, le contourna, marcha sur une neige de bris de verre jusqu'au centre, trouva une bouteille de vin blanc, remplit son verre et, faisant face à la salle de l'autre côté du bar, il observa Pulford et l'homme en chapeau melon qui avait été pris par surprise, lui, et Serrano tandis qu'ils échangeaient un regard et l'observaient en retour, puis il but une petite gorgée de vin.

Quand l'écho se dissipa dans la salle, le silence qui s'ensuivit fut brisé par un bruit de succion.

Jay Cobb avait subi ce que les docteurs appellent un "pneumothorax". Il s'était hissé à quatre pattes, et comme un de ses poumons s'était affaissé, le lobe gauche réduit en bouillie, l'air s'insinuait bruyamment par l'ouverture béante de son flanc gauche à chacune des respirations laborieuses de son poumon droit.

Il se mit à ramper depuis sa table vers le comptoir et, l'ayant atteint, il prit la direction de la porte du saloon. Il progressait avec lenteur. Son poumon gauche était en pleine hémorragie et sa cage thoracique s'emplissait de sang. Lorsqu'il tenta d'inspirer par la bouche, il s'étrangla dans son sang et cessa de ramper. Il toussa une écume sanguinolente. Les quatre hommes le regardaient ramper, s'étrangler et tousser. Sa blessure était sans conteste mortelle.

Avec détermination, Books but la dernière gorgée de son vin, reposa le verre, dégaina le Remington de son étui gauche, se pencha sur le comptoir, visa et tira une balle dans la tête de Jay Cobb.

Il fut tué sur le coup. Tirée derrière lui à une distance de deux mètres, la balle prit une trajectoire oblique et descendante. Elle pénétra par l'os temporal au-dessus de l'oreille, exposant son cerveau à l'air libre, traversa la cervelle en emportant avec elle quelques débris d'os crânien, puis ressortit par l'orbite droite et l'œil, arrachant l'os ethmoïde et l'arête du nez. Sur le carrelage au sol, sous les restes du visage de Jay Cobb reposaient un globe oculaire et de la matière cérébrale contenant les connaissances accumulées en vingt ans, une bouillie grise et collante de filles, de rois, d'arithmétique, de vaches, de prières, de montagnes, mais surtout des connaissances en l'art de manier un revolver avec précision, de haïr sa propre personne, de livrer du lait, de la crème et du beurre.

Mais tandis que Books concentrait son attention sur cet acte charitable, Jack Pulford sauta sur l'occasion.

Se levant de sa table à l'avant de la salle, il fit glisser d'un geste leste le Smith & Wesson de sa hanche et tira dans l'épaule gauche de l'homme hideux.

Books chancela, retrouva son équilibre en s'appuyant de la main gauche à une étagère derrière lui. Son revolver était déjà levé au-dessus du comptoir en direction de Cobb, étendu à terre. Il fit pivoter son poignet, actionna le chien d'un coup de pouce et tira. La balle atteignit Jack Pulford en plein cœur.

Celui-ci tituba sous l'impact, propulsé contre le mur, et s'affala sans cesser de tirer au hasard vers Books, vidant le chargeur de son Smith & Wesson dans le comptoir. Ces tirs furent le fruit d'un pur réflexe, un spasme du tendon plutôt qu'une attaque consciente. Le joueur était mort avant même de se retrouver assis, dos au mur. Books avait tiré à cinq mètres. Sa balle était entrée dans la chemise en soie blanche de Jack Pulford, près d'un bouton en losange légèrement à gauche du sternum, ou médiastin, déchirant le nœud auriculo-ventriculaire. Le cœur fut littéralement coupé en deux. Mais il n'y avait pas de blessure dans son dos marquant la sortie de la balle car le muscle du cœur, solide et fibreux, constitue un véritable obstacle, même pour une balle de revolver.

Pendant l'échange entre Pulford et Books, Serrano en profita pour prendre son Peacemaker sur la table, puis il se leva et tira cinq coups dans la direction approximative de Books. Aucun n'atteignit sa cible car Books, touché à l'épaule gauche, ne pouvait plus se soutenir à l'étagère de la main gauche. Elle avait cédé et il s'effondrait en arrière, devenant une cible mouvante et réduite ; de cette position, il tira quatre fois vers Serrano. Ses balles ébréchèrent le plâtre, déchirèrent les tables et sifflèrent aux quatre coins de la salle. Le Loucheur fit éclater une toile d'araignée sur le miroir derrière le comptoir et désintégra les verres encore intacts.

Un des coups de Books avait tracé un sillon dans le meuble à quelques centimètres du coude de Koopmann qui plongea à couvert sous la table où lui et *El Tuerto* s'étaient installés, faisant voler son chapeau melon dans la précipitation.

Dans une pluie de verre, Books disparut derrière le comptoir.

La porte de la cabine téléphonique s'ouvrit. Un homme en costume marron en sortit, un vendeur ambulant de toute évidence, piégé dans la cabine d'où il appelait un client potentiel puisqu'il portait avec lui une boîte d'échantillons. Ne regardant ni à droite ni à gauche, ignorant les combattants, il enjamba d'un air absent le cadavre de Jay Cobb et passa les portes ouvertes du saloon à grandes enjambées avant de partir avec indifférence.

Il y eut un nouvel entracte.

Si le vendeur n'avait pas été guidé par la lumière du jour s'insinuant par les portes, il n'aurait sans doute jamais trouvé le chemin de la sortie. Tant de balles avaient été tirées, tant de poudre noire brûlée, que la pièce était surchargée de fumée. Elle ne flottait pas immobile dans l'air. Les ventilateurs la sculptaient en voiles et en guirlandes qui tournoyaient, tourbillonnaient, s'élevaient et retombaient à mesure que pivotaient les pales. Au milieu de la mort, la fumée noire était vivante.

Jay Cobb était étendu sur le carrelage, près de l'extrémité du comptoir devant la porte. Jack Pulford était assis le dos droit contre le mur, comme plongé dans ses pensées. Koopmann était courbé à quatre pattes, sous la protection de la table au centre de la pièce. Sur son genou près de la table, Serrano rechargeait son arme. J.B. Books était assis parmi les bris de verre sur les lattes du plancher derrière le bar, ne saignant que modérément. La balle en plomb mou de Pulford, tirée à cinq mètres, lui avait traversé l'épaule gauche de part en part, manquant fort heureusement l'artère subclavière mais lui brisant la clavicule et déchirant le muscle deltoïde ainsi que le faisceau supérieur du muscle trapèze. Son bras gauche était inerte et inutilisable.

Il posa son arme déchargée. Il s'adossa aux placards en bois. Appuyé là, il contorsionna son avant-bras et son poignet droits pour sortir l'autre Remington de l'étui droit de son veston et le posa sur ses cuisses. Puis il retira son Stetson et le plaça à côté de lui, remarquant au sol le billet d'un dollar qu'il avait glissé sur le comptoir pour payer son premier verre de vin. Il leva les yeux et vit quelque chose de remarquable. Le verre était encore sur le bar, indemne, et de temps à autre, lorsque tourbillonnait la fumée noire, des rayons de soleil l'illuminaient à travers la porte du saloon.

Il attendit. Il avait vu Koopmann s'abriter sous la table. Serrano ne pouvait pas savoir si Books était mort ou vif derrière le comptoir, mais un homme déterminé à tuer serait obligé d'aller vérifier. Il replia les doigts autour de la crosse en nacre du deuxième Remington sur ses cuisses et observa le verre de vin sur le bar en attendant.

Au bout d'une minute à peine, le verre rendu translucide par le soleil s'obscurcit soudain, une ombre passa de droite à gauche. Il n'entendait aucun bruit de pas, mais le mouvement sombre lui indiqua que quelqu'un – le Loucheur, sans aucun doute – s'était glissé le long du bar vers l'extrémité côté rue.

Books souleva son genou gauche, y appuya le canon de son revolver, arma le chien, visa le bord du comptoir côté rue, et attendit. Il sentait suinter la blessure de son épaule, le lent écoulement du sang sur sa peau. Comme si une sangsue s'était accrochée à lui.

Puis à un mètre au-dessus du sol, au bout du comptoir, un œil apparut, l'œil valide du Mexicain, et Books tira.

Sa balle explosa le globe oculaire de Serrano, éclaboussant le sol, le bar et les portes de placard d'une substance gélatineuse. Des éclats d'os furent projetés par la balle à travers le cerveau et un triangle de crâne et de cuir chevelu se détacha au niveau de l'orifice de sortie dans la région occipitale. Serrano roula en arrière et resta prostré sur le flanc près de Jay Cobb.

Il y eut un nouvel entracte.

Un homme s'aventura à la porte du Constantinople pour prendre un verre. Le souffle coupé, il jeta un coup d'œil à travers le brouillard de fumée. Il aperçut un jeune homme étendu près de lui, face contre terre dans la bouillie de son propre cerveau, un Mexicain à ses côtés, un trou béant dans le crâne, et un troisième homme assis sur le sol contre le mur de gauche, vêtu d'une chemise en soie blanche trempée de sang, ainsi qu'un quatrième, vivant, réfugié sous une table.

— Doux Jésus, dit le client en repassant la porte à reculons.

Ces paroles furent les premières prononcées depuis le début.

Koopmann rampa de sous la table, récupéra son chapeau melon et le posa sur sa tête.

— Books ! cria-t-il.

Aucune réponse derrière le bar.

— Che te lance mon arme, Books ! dit-il dans un accent allemand. Che feux me sortir de là, Books, alors che te lance mon arme !

Koopmann jeta son Colt Navy au-dessus du comptoir.

— Foilà !

En cachette, il tendit la main vers le revolver que Jay Cobb avait laissé choir lorsqu'il avait été atteint d'une première balle, le ramassa et le cacha dans son dos.

— Che me lèfe, Books, et che sors d'ici !

Koopmann se leva, garda le revolver dans la main droite, derrière son dos puis, se tournant pour maintenir l'arme hors de vue de Book, il se mit à marcher d'un pas lourd vers la porte.

— Che m'en fais. Et che prie Dieu que tu me laisses partir, Books.

C'était un homme grand aux joues rouges et rebondies. Il passa devant le comptoir en cet instant, passa devant ce qui pouvait se trouver derrière, et ses yeux se mirent à transpirer des larmes qui roulèrent sur ses joues rouges et rebondies.

— Che prie Dieu, Books ! hurla-t-il. Que tu me laisses partir fifant de cet endroit !

Derrière le bar, Books se mit à genoux, fourra le Remington dans la poche de sa redingote, tendit le bras droit pour empoigner le robinet d'eau froide de l'évier et se hissa sur ses pieds. Koopmann venait de passer devant le cadavre de Jay Cobb, dissimulant le revolver devant son torse, et il approchait de la porte.

Books s'appuya de tout son poids sur le comptoir pour garder l'équilibre, il dégaina le revolver de la poche de sa redingote, le leva et tira dans le dos de Koopmann.

La balle fut bien placée. Elle entra dans son tronc par un espace intercostal, manqua la colonne vertébrale mais déchiqueta les muscles paravertébraux et ressortit en arrachant une large portion du sternum. Koopmann lâcha le Colt, porta les mains à sa poitrine et fit quelques pas chancelants vers la porte. Mais la valve aortique avait été tranchée par la balle. Les contractions du cœur produisent une énorme pression dans le système vasculaire humain qui fut soudain relâchée. Du sang gicla de la blessure de sa poitrine comme d'un tuyau, éclaboussant les tables, les chaises et le carrelage, si bien qu'en s'effondrant au sol, Koopmann, presque totalement exsangue, tomba dans une mare de son propre sang.

C'était terminé.

Les rugissements des armes s'atténuèrent, puis se turent. Pendues au plafond par leur tige, les pales des quatre ventilateurs tournaient, agitant le chaudron de fumée noire. Le bruit qu'elles émettaient, l'unique bruit dans la pièce, n'était plus celui d'un souffle, d'une respiration discrète et régulière. Elles soupiraient. Elles semblaient pousser un soupir interminable, un chant funèbre et électrique pour le repos des morts en dessous d'elles.

Books se tenaitt au bar, arme à la main, les yeux baissés vers le cadavre de Koopmann.

Derrière lui, Murray, le barman, passa sous la voûte de la salle de jeu, il appréhenda la situation, mit en joue un fusil Parker de calibre .10 à double canon, visa, tira une balle, puis une autre, dans le dos de Books.

Le tireur fut projeté loin du comptoir, il chancela et tituba, puis tomba dans l'espace entre les placards et le bar.

Les cartouches du fusil étaient lourdement chargées d'une poudre épaisse. Elles contenaient dans ce cas précis des plombs n° 4, dont l'impact pouvait atteindre le diamètre d'une assiette et qui étaient prévus pour mutiler un homme plutôt que pour le tuer, même à bout portant. Ils pénétrèrent dans la redingote de Books, dans son gilet, dans sa chemise, dans son caleçon et dans sa peau, lacérèrent le muscle, quelques éclats entrèrent dans la cavité thoracique, il y eut quelques saignements externes, mais les blessures étaient loin d'être fatales.

Sachant cela, le barman repassa aussitôt sous la voûte pour recharger son arme, à l'abri dans la salle de jeu.

Books était étendu sur le ventre. Il releva les jambes, poussa le comptoir de ses pieds et pivota pour se trouver, toujours sur le ventre, face à la voûte dans la direction opposée. Il n'avait toujours aucune sensation dans le bras gauche. De la main droite, il tira son autre bras, le plia au niveau du coude et plaça son avant-bras devant lui avant de poser le menton sur son poignet. Puis, tâtant les bris de verre de sa main valide, il localisa le Remington qu'il venait d'utiliser, tendit le bras droit au-dessus du parquet, arma le chien et braqua l'arme vers la voûte.

Il n'avait pas été surpris qu'on lui tire dans le dos, mais il ne savait pas qui était l'auteur du coup. Il avait tué les hommes qu'il voulait. Quelqu'un essayait encore de le descendre, et même dans un état de choc complet, l'instinct exigeait de lui qu'il se défende.

Revolver à la main, ses blessures au dos et à l'épaule gauche saignant modérément, il attendit.

Au bout d'une minute ou deux, Murray passa la tête derrière la moulure de la voûte pour jeter un coup d'œil.

Books tira et manqua sa cible.

Abasourdi de voir que le tireur avait encore la volonté de se battre, le barman s'abrita une fois de plus hors de vue.

Il pensa : Ils avaient tous besoin d'être tués et c'est chose faite. J'ai déjà eu aussi mal par le passé. Cette balle dans le ventre, à Bisbee. J'ai eu plus mal que ça, mais je l'avais oublié jusqu'à maintenant. Un jour, quand j'étais enfant, nous avons fait une vraie bêtise, tous les quatre. C'était dans le comté de San Saba. Ma mère avait attelé les bœufs au chariot pour rendre visite à un voisin et elle nous avait demandé d'être gentils avant de nous laisser, Em et Clara, mes sœurs, ainsi que moi et mon petit frère Joe. Je ne les ai pas revus depuis mes seize ans. J'aimerais savoir ce qu'ils sont devenus, s'ils sont en bonne santé et heureux, car ils me sont chers. Que Dieu les bénisse. Eh bien, à peine était-elle partie que nous avons commencé. Il y avait un tonneau de mélasse maison dans la cuisine, mais pas de pain, aussi avons-nous sorti une boîte de tabac de sous le lit de notre père. Une boîte contenait vingt-cinq chiques, si mes souvenirs sont bons. Nous prenions une chique que nous plongions dans la mélasse, puis nous léchions la mélasse sur le tabac. Après plusieurs coups de langue, nous allions terriblement mal. Nous avions des maux de ventre aussi énormes que le Texas. Nous avons hurlé sans interruption jusqu'au retour de notre mère. Nous pensions que nous allions mourir et nous aurions très bien pu. J'ai déjà eu aussi mal par le passé, oui. Je ne les ai pas revus depuis mes seize ans. Que Dieu les bénisse.

Gillom Rogers s'avança de quelques centimètres entre les portes du Constantinople. Les yeux larmoyants dans la fumée, il lança un regard médusé à Jay Cobb, à Serrano et à Koopmann, et à Jack Pulford assis contre le mur.

Il contourna les trois cadavres près du comptoir, évita du mieux qu'il put le sang et la cervelle, regarda par-dessus le bar et traîna les pieds avec émerveillement dans le carnage de verre étalé derrière. Un billet d'un dollar interrompit sa marche. Il le glissa dans la poche de son pantalon qui contenait déjà le reste de l'argent. Un Remington à crosse noire reposait sur le parquet. Il le ramassa et, retenant son souffle, s'approcha de l'homme étendu sur le ventre qui semblait désormais petit, presque chétif.

— Monsieur Books ?

Il vit la redingote déchirée, le sang qui la maculait, le bras droit tendu et raide, le revolver braqué. Il avança lentement sur le flanc de Books et se pencha.

— C'est moi, Gillom.

Il s'agenouilla. Books était incapable de parler. Son menton était appuyé fermement sur son poignet gauche. Gillom n'avait pas envie de le regarder en face, mais ses yeux l'interpellèrent. Ils observaient. Ils observaient la voûte, comme si quelque chose d'implacable était tapi de l'autre côté, mais ils observaient aussi quelque chose de transcendant au-delà, très loin.

— Monsieur Books, c'est moi, Gillom.

La bouche s'ouvrit. Rien d'audible n'en sortit, mais les lèvres articulèrent deux mots : "Tue" et "moi".

— Vous tuer ?

Gillom se mâchonna la lèvre.

— Bien sûr, dit-il.

Il se leva, passa derrière l'homme et se plaça à califourchon au-dessus de lui, il positionna le canon du revolver qu'il avait ramassé contre l'arrière de son crâne. Il détourna le visage, ferma les yeux de toutes ses forces, serra les dents, arma le chien et appuya sur la détente.

Le chien cliqueta.

— Merde, grogna-t-il.

Désespéré, il avait conscience aux confins de son esprit des volutes de fumée, de la puanteur de l'air et de la solennité des ventilateurs. Il s'agenouilla une fois encore près de l'homme étendu et chercha à décrocher les doigts autour de la crosse en nacre du deuxième Remington, les écartant jusqu'à empoigner enfin cette arme.

Il se releva, enjamba une fois encore l'homme immobile et positionna une seconde fois le canon du revolver à l'arrière du crâne de J.B. Books, entre ses cheveux. Il détourna le visage, ferma les yeux de toutes ses forces, serra les dents et appuya sur la détente.

Il ressortit du Constantinople à l'air libre. Une foule d'hommes et de garçons s'était massée de l'autre côté de la rue. Attendant le passage d'une calèche, puis d'un chariot, il traversa la voie jusqu'à la foule.

— Qu'est-ce qui s'est passé là-dedans ?

Au moins six personnes lui posèrent la question.

— Ils sont tous morts, répondit Gillom.

— Qui ?

— J.B. Books. Jay Cobb. Jack Pulford. Un Mexicain qui s'appelle Serrano, un voleur de bétail. Et un gars que je connais pas. Un grand. Il les a tous tués.

— Qui ?

— Books.

Quelqu'un compta.

— Cinq ! Waahouu !

— Bon sang, les gars, il a tué tous les durs à cuire du coin ! exulta quelqu'un. Bon sang, les gars, on a enfin nettoyé la ville !

— Faudrait élever une statue en l'honneur de ce salopard d'assassin ! s'écria quelqu'un.

— Voilà ses armes, dit Gillom en les brandissant devant tous pour attiser la convoitise. Il me les a données avant de mourir.

— Regardez-moi ça !

— Un canon court, pas de viseur, tout à fait uniques – hé, fiston, tu veux les vendre ?

— Ça non, bon sang, dit Gillom. (Il afficha un sourire en montrant le Constantinople.) Très bien, les gars, avancez et allez voir le spectacle ! C'est la maison qui offre la tournée !

La foule traversa la rue à grandes enjambées et Gillom Rogers partit d'un pas nonchalant de son côté, balançant un revolver dans chaque main. L'alchimie d'un rayon de soleil de faux printemps changea le nickel des Remington en argent. Gillom Rogers avançait tête haute, les épaules droites, bien plus grand à ses yeux, en proie à des sensations jusqu'alors inconnues. Il tenait un revolver encore chaud dans la main, sentait la morsure de la fumée dans ses narines et le goût de la mort sur sa langue. Le cœur haut dans sa gorge, le danger derrière lui – et puis la sueur soudaine et le néant, et la sensation douce et fraîche d'être né.

collection totem

Rick Bass
Les Derniers Grizzlys

Ron Carlson
Le Signal

Pete Fromm
Indian Creek

Craig Johnson
Little Bird
Le Camp des Morts

Ross Macdonald
Cible mouvante
Noyade en eau douce

Howard McCord
L'Homme qui marchait sur la Lune

Larry McMurtry
Lonesome Dove I
Lonesome Dove II
La Dernière Séance
Texasville

Tim O'Brien
À propos de courage

Doug Peacock
Mes années grizzly

Tom Robbins
Même les cow-girls ont du vague à l'âme
Féroces infirmes retour des pays chauds
B comme Bière

Mark Spragg
Une vie inachevée

Glendon Swarthout
Le Tireur

William G. Tapply
Dérive sanglante

Jim Tenuto
La Rivière de sang

Trevanian
La Sanction

David Vann
Sukkwan Island

Larry Watson
Montana 1948

www.gallmeister.fr

CET OUVRAGE A ÉTÉ COMPOSÉ PAR
ATLANT'COMMUNICATION
AU BERNARD (VENDÉE).

ACHEVÉ D'IMPRIMER EN SEPTEMBRE 2012 SUR LES PRESSES
DE NORMANDIE ROTO IMPRESSION S.A.S., 61250 LONRAI
POUR LE COMPTE DES ÉDITIONS GALLMEISTER
14, RUE DU REGARD, PARIS 6e

IMPRIMÉ EN FRANCE

FSC
www.fsc.org
MIXTE
Papier issu de sources responsables
FSC® C005607

Cet ouvrage est imprimé sur papier fabriqué à partir de bois provenant de forêts durablement gérées (www.fsc.org).

DÉPÔT LÉGAL : OCTOBRE 2012
N° D'IMPRESSION : 123587